Ziauddin Sardar
Der fremde Orient

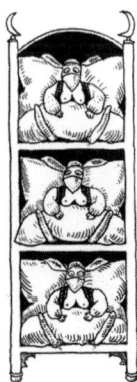

Ziauddin Sardar

DER FREMDE ORIENT
Geschichte eines Vorurteils

Aus dem Englischen von Matthias Strobel

Verlag Klaus Wagenbach   Berlin

Die englische Originalausgabe erschien 1999 unter dem Titel
Orientalism bei Open University Press, Buckingham

Wagenbachs Taschenbuch 451
Deutsche Erstausgabe

© 1999 Ziauddin Sardar
© 2002 für die deutsche Ausgabe:
 Verlag Klaus Wagenbach, Emser Straße 40/41, 10719 Berlin
 Umschlaggestaltung Julie August unter Verwendung des Gemäldes
 »*La Favorite*« von Vincent Stiepevitch (Ausschnitt).
 Die Karnickel auf S. 1 zeichnete Horst Rudolph.
 Gesetzt aus der Scala von der Offizin Götz Gorissen, Berlin.
 Druck und Bindung bei Pustet, Regensburg.
 Printed in Germany. Alle Rechte vorbehalten.

ISBN 8031 2451 4

INHALT

Vorwort 7

Was ist Orientalismus? 11

Eine kurze Geschichte 29
   Der Islam und andere Monster 36
   Das Zeitalter der Unvernunft 56
   Kreise innerhalb von Kreisen 77

Theorie und Kritik 83
   Dem Orientalismus trotzen 87
   Edward Said und seine Kritiker 100

Die heutige Praxis 115
   Orientalismus in der modernen Wissenschaft 125
   Braune Sahibs und der orientalische Orientale 128
   Orientalismus in der Trivialliteratur 138
   Orientalismus im Film 140

Die postmoderne Zukunft 155

Anmerkungen 171
Literaturverzeichnis 179
Index 185

Für Merryl:
Wissenschaftlerin, Abenteurerin und Freundin

VORWORT

Das Problem des Orientalismus besteht darin, daß er überhaupt existiert. Und weil er existiert, leben wir in einer Welt, in der Realität unterschiedlich wahrgenommen, ausgedrückt und erfahren wird und auf Grund von Mißverständnissen eine große Kluft entsteht. Wenn wir über Orientalismus sprechen wollen, dann müssen wir diese Mißverständnisse überwinden und sehen lernen, was unsichtbar gemacht wurde; wir müssen andere Konturen erkennen in einem Bild, das durch jahrhundertelange Kurzsichtigkeit verzerrt ist.

Nichts am Orientalismus ist neutral oder objektiv. Er ist schon seiner Definition nach parteiisch. Niemand nähert sich diesem Thema unbelastet. Eine dieser Altlasten ist der Glaube, daß ein Fach wie der Orientalismus mit einer solch langen Tradition echtes Wissen über den Orient zur Verfügung stellt; und daß dieses Wissen nützlich ist, um die Kulturen östlich des Westens zu verstehen. Das Ziel dieses Buches ist es, diesen Glauben zu erschüttern und zu zeigen, daß der Orientalismus, obwohl sein »Haltbarkeitsdatum« längst abgelaufen ist, immer noch neue Gebiete kolonisiert. Nachdem er lange auf Wissenschaft und Literatur beschränkt war, erobert er heute Film, Fernsehen und CD-ROMs. Und nicht nur das, was man den »Orient« nennt, gerät dabei ins Visier, sondern auch Europa selbst, wo der Orientalismus seine Wurzeln hat.

Es gibt diesen Orientalismus, aber er ist und bleibt ein künstliches Gebilde, das nichts mit dem Orient zu tun hat.

Innerhalb des Fachs gibt es keine Möglichkeit, diese Kluft zu überwinden. Meine These lautet daher: Solange der Orientalismus existiert, wird es kein Verständnis zwischen Orient und Okzident geben. Wir müssen von vorn beginnen, von anderen Voraussetzungen ausgehen und eine neue Basis schaffen, wenn es zu einer echten Begegnung zwischen Menschen, Orten, Geschichte, Ideen kommen soll. Angesichts all der Forschung, all der Literatur, die inzwischen existiert, ist dies eine unangenehme, unwillkommene und beunruhigende Botschaft. Sie erinnert an die Frage, die Alun Lewis in seinem Gedicht »Maratha Ghats« stellt, einem ebenfalls orientalistischen, wenn auch interessanten Text, den er als Fliegerpilot in Indien während des Zweiten Weltkriegs schrieb:

> Mußten erst tausend Jahre umsonst verrinnen?
> Und müssen nun wieder tausend Jahre beginnen?

Die Beantwortung dieser beiden Fragen macht das Schreiben eines Buches über den Orient zu einem Hürdenlauf. Denn die Antwort lautet jeweils ja. Tausend Jahre sind vergangen, ohne daß eine solide Wissensgrundlage über den Orient geschaffen wurde; und nun laufen wir Gefahr, daß weitere tausend Jahre vergehen, in denen keine oder sogar eine feindliche Begegnung stattfindet, es sei denn, wir beginnen von vorn. In Anbetracht der Literatur über den Orient, die ganze Bibliotheken füllt, fällt es schwer einzusehen, daß wir im Grunde wenig über ihn wissen.

Ich möchte diese Gelegenheit nutzen, um meiner Freundin Merryl Davies zu danken, die mir in jedem Stadium des Buches eine unschätzbare Hilfe war. Ihrem umfangreiches Wissen über europäische und nicht-westliche Geschichte, gepaart mit ihrer Fähigkeit, dieses Wissen jederzeit abrufen zu können, gehört meine uneingeschränkte Bewunderung. Dank auch an Steve Fuller, von dem die Idee stammt, dieses Buch zu schreiben, an Vinay Lal, mit der ich viele der Fragen, die hier aufgeworfen werden, diskutieren konnte, und an Juliet Steyn,

Sean Cubitt und Sohail Inayatullah für ihre Kommentare und kritischen Anmerkungen. Und nicht zuletzt auch an Gail Boxwell und Aoife Collins, die mir bei den Recherchen zu diesem Buch unschätzbare Hilfe geleistet haben.

WAS IST ORIENTALISMUS?

Der Orient, das Land östlich des Westens, ist ein Reich der Geschichten. Auch aktuelles Geschehen findet seinen Ausdruck in Fiktion, Fakten und Fabeln. Der Orient regt die Fantasie an. Also wollen auch wir mit einer Geschichte beginnen. Ein französischer Diplomat in China verliebt sich in die führende »Dame« der Peking-Oper. Die Liaison hat zur Folge, daß er vor Gericht gestellt und wegen Spionage verurteilt wird. Dies ist im Kern die Handlung von David Cronenbergs beeindruckendem Film *M. Butterfly* (1993). Er beruht auf einem Theaterstück von David Henry Hwang, der auch das Drehbuch schrieb. »Inspiriert von einer wahren Geschichte«, bietet *M. Butterfly* einen vollständigen Diskurs über den Orientalismus.

Zu Beginn ist René Gallimard ein eher glanzloser, unbedeutender Bürokrat, der an der französischen Botschaft in Peking arbeitet, ein Buchhalter, ein eifriger Erbsenzähler, der bei seinen Kollegen nicht sehr beliebt ist. Er ist eine graue Maus, einer dieser langweiligen, verdienstvollen und wohlerzogenen Menschen, denen man auf Partys immer aus dem Weg geht. Hwang benutzt nun Gallimards »Liebesgeschichte« und Biografie, um die Hauptthemen und Eigenschaften des Orientalismus darzulegen. Die Handlung spielt im China des Jahres 1964, zu Beginn der Kulturrevolution, und springt dann ins Frankreich des Jahres 1968, dem Jahr der Studentenrevolte. In dieser Zeit diente Frankreich den Vereinigten Staaten als Augen und Ohren in China. Vor diesem geschichtlichen Hintergrund kann Hwang aufzeigen, welche praktischen Auswirkungen der Orientalismus auf die Politik zeitigte. Und er hat vollkommen Recht, wenn er den Orientalismus als Krankheit der westlichen Psyche diagnostiziert und sie anhand von dessen *Realpolitik* erläutert. Denn es handelt sich hierbei nicht um zwei verschiedene paar Stiefel, sondern um zwei Bestandteile einer Gesamterzählung: der des Orientalismus. Geprägt ist diese Krankheit von zwei Wünschen: der privaten Sehnsucht des westlichen Mannes nach orientalischer Mystik und Sexualität; und dem allgemeinen Bestreben, den Orient in politischer und wirtschaftlicher Hinsicht zu erziehen und zu kontrollieren. Durch den Bezug auf die Studentenrevolte von 1968 zeigt Hwang, wie der Westen den Orient benutzt hat, um an sich selbst Kritik zu üben und innere Reformen zu fordern: Die revolutionären Studenten auf den Straßen von Paris wedeln mit Mao-Bibeln herum. Der Orientalismus dient dem individuellen wie kollektiven Wunsch, den Orient zu besitzen; gleichzeitig soll er dazu verhelfen, sich den Orient einzuverleiben.

Der Botschaftsangestellte Gallimard repräsentiert also den Westen, während Song Liling, das Objekt von Gallimards Begierde, als westliche Vorstellung des Orient fungiert. Weder der Westen noch der Osten sind monolithische Gebilde; beide sind komplex, mehrdeutig und heterogen. Der Orient setzte – und setzt – sich zusammen aus den großen Kulturen östlich des Westens: Islam, China, Indien und Japan. Der Westen konnte diesen Kulturen die eigene Geschichte, die etablierte Stellung im Weltgeschehen nicht absprechen, sondern mußte ihre Macht und ihren Reichtum anerkennen. Und es war gerade ihre militärische und wirtschaftliche Macht, ihr intellektueller und kultureller Reichtum, der dem Orientalismus Auftrieb gab. Daher ist der Orientalismus geografisch klar eingegrenzt, denn er verdankt sich der Tatsache, daß die mächtigen Zivilisationen des Ostens die Wünsche der westlichen Zivilisationen auf sich zogen. Nur brachen die östlichen Zivilisationen beim ersten Ansturm der westlichen Mächte nicht sofort zusammen. Doch der Westen war nicht immer »der Westen«. Die Vorstellung vom Westen als einer politischen Größe geht auf das sechzehnte Jahrhundert zurück. Davor gab es das Christentum und auf diese Begegnungen zwischen dem Christentum mit seinem nächsten Nachbarn, dem Islam, lassen sich die Ursprünge des

Orientalismus und ein Großteil seiner Geschichte zurückführen. In *M. Butterfly* geht es um China und indirekt um Japan, doch das Begehren des Westens galt ursprünglich dem Islam. Durch die Berührung mit dem Islam entwickelte der Westen zum ersten Mal die Vorstellung vom Orient als einem unfaßlichen, exotischen und erotischen Ort, wo Geheimnisse walten und sich grausame, barbarische Szenen abspielen. Zur Zeit der Kreuzzüge entstand das Bild des bösen und verdorbenen, zügellosen und barbarischen, schmutzigen und minderwertigen, ignoranten und dummen, monströsen und häßlichen, fanatischen und gewalttätigen Muslimen, das sich jahrhundertelang gehalten hat. Für das Christentum war der Islam die dunkle Seite Europas. Die Reformation und der Aufstieg des Osmanischen Reichs machten aus dem Christentum »den Westen«. Im siebzehnten und achtzehnten Jahrhundert war »der Westen« meist eine geografische Bezeichnung und ein Synonym für »Europa« und den »Okzident«, wobei der Begriff »Europa« weiter verbreitet war und eine längere Tradition hat, die bis zur griechischen und römischen Antike zurückreicht:

> Erst nach der Kolonialisierung Indiens, Chinas und des Mittleren Ostens im neunzehnten Jahrhundert begann der Begriff »der Westen« eine wichtigere Rolle zu spielen, weil er Europas imperialistisches Projekt repräsentierte. Erst damals begann man auch die USA dazu zu zählen, die man bis dahin unter dem Begriff »Neue Welt« subsumiert hatte, und erst dann verschmolz der Begriff des »Westens« mit dem der »Zivilisation«, mit dem die Aufklärungsphilosophen das Ziel der sozialen Evolution beschrieben: Prozesse und Institutionen, die der Herausbildung von Privatbesitz, der Familie und Geldbeziehungen Vorschub leisteten.[1]

Nicht mehr das Christentum, sondern die westliche Zivilisation war von nun an der Maßstab, an dem die orientalischen Kulturen und Zivilisationen gemessen wurden. Der »Westen« wurde ausgespielt gegen den »Orient«, und der Orient wurde zu all dem, was der Westen nicht war und doch sein wollte.

In M. *Butterfly* findet die erste Begegnung zwischen dem Westen und dem Osten auf einem Botschaftsempfang statt, wo die Künstlerin Song Liling die Todesszene aus Puccinis *Madame Butterfly* aufführt. Gallimard gibt zu, daß er *Madame Butterfly* noch nie gesehen hat. Während alle anderen Zuschauer bemerken, daß die Stimme der Sängerin für diese Rolle gar nicht geeignet ist, ist Gallimard hingerissen, ja geradezu besessen. Er geht auf Song Liling zu, und der nun folgende Dialog setzt die Geschichte in Gang:

> *Gallimard:* Für mich waren Opernsängerinnen bisher schlecht geschminkte Damen mit Übergewicht.
> *Song:* Schlechte Schminke gibt es nicht nur im Westen.
> *Gallimard:* Ich habe noch nie eine solch überzeugende Darstellung wir die Ihre gesehen.
> *Song:* Überzeugend? Ich als Japanerin? Wußten Sie, daß die Japaner im Krieg Tausende meiner Landsleute für medizinische Experimente mißbraucht haben? Vermutlich ist Ihnen diese Ironie vollkommen entgangen.
> *Gallimard:* Nein, ich meine etwas ganz anderes: Sie haben mir die Augen für die Schönheit der Todesszene geöffnet. Ihr Tod ist ein reines Opfer. Dabei ist der Mann es gar nicht wert. Aber was sollten Sie tun? Sie liebten ihn so sehr. Wunderschön!
> *Song:* Ja, ja! Aber nur für jemanden aus dem Westen.
> *Gallimard:* Verzeihung?
> *Song:* Es ist eine eurer Lieblingsfantasien. Die unterwürfige, orientalische Frau, der grausame, weiße Mann.
> *Gallimard:* Das glaube ich nicht.
> *Song:* Sehen Sie es doch mal so. Was würden Sie sagen, wenn eine blonde Cheerleaderin sich in einen kleinwüchsigen japanischen Geschäftsmann verlieben würde. Er heiratet sie und kehrt für drei Jahre in seine Heimat zurück. In dieser Zeit betet sie sein Bild an und weist den Heiratsantrag eines jungen Kennedy zurück. Und als sie erfährt, daß ihr Mann wieder geheiratet hat, bringt sie sich um. Sie würden diese Frau für eine schwachsinnige Idiotin halten,

oder etwa nicht? Weil sie aber eine Orientalin ist, die sich wegen eines westlichen Mannes umbringt, finden Sie es wunderschön.

Die meisten gebildeten Menschen wissen, daß die Frauenrollen in der traditionellen chinesischen Oper von Männern gespielt werden. So hielten es in Europa auch Shakespeare und Molière. Aber Gallimard ist entschlossen, in Song nicht nur eine Frau, sondern die Personifikation eines bestimmten Frauentyps zu sehen: der »unterwürfigen Orientalin«. Hwang argumentiert, daß zu dieser obsessiv orientalistischen Sichtweise unbedingt gehört, es nicht wirklich wissen zu wollen. Das Objekt der Liebe ist nicht die physische Person Song Liling. Das Objekt der Liebe ist Madame Butterfly, das Operngeschöpf, das Gallimard um jeden Preis in Song Liling sehen will. Auf diese Weise verfährt auch der Orientalismus: Nicht Genauigkeit und Nützlichkeit sind entscheidend, sondern einzig und allein, inwieweit das Selbstwertgefühl des westlichen Menschen gestärkt wird. Erreicht wird dies durch eine ästhetische Überhöhung der Realität. Orientalismus ist konstruierte Ignoranz, bewußte Selbsttäuschung, die dann auf den Orient projiziert wird.

Diese Art Fiktion hat in der wissenschaftlichen Tradition des Westens schon immer eine große Rolle gespielt. Die Darstellungen der Kulturen und Zivilisationen östlich des Westens – und nichts anderes bedeutet Orientalismus – basieren auf konstruierter Ignoranz, das heißt, sie wurden absichtlich als Instrumente konzipiert, mit denen man diese Kulturen und Zivilisationen »unterdrücken« und »handhaben« konnte. Gedacht war Orientalismus einst als Wissenschaft, die sich mit der Erforschung der arabischen bzw. asiatischen Zivilisationen beschäftigt: dem Identifizieren, Herausgeben und Interpretieren der grundlegenden Texte dieser Zivilisationen und dem Tradieren des gewonnen Wissens von einer Generation zur nächsten in einer nie abreißenden Kette. Der Schwerpunkt lag dabei auf dem Islam, und so wurde die Islamistik zum wichtigsten Zweig des Orientalismus. Man erforschte den Islam mit europäischen Vorstellungen von Gott, Mensch, Natur, Gesellschaft, Wissenschaft und Geschichte und verurteilte alle nicht-westlichen Kulturen als minderwertig und rückwärts gewandt. Man näherte sich dem Thema Orient mit einer konkreten Vorstellung davon, was Kulturgeschichte ist, wie Religionen entstehen und wie heilige Texte gelesen, verstanden und interpretiert werden müssen; man hatte klare Ansichten darüber, wie Gesellschaften entstehen und in welche Richtung sie sich entwickeln sollen. Orientwissenschaften waren – und sind – der Ausdruck politischer Begehrlichkeiten: Man formt aus politischen Bestrebungen akademische Fächer und projiziert dann deren Ansätze auf den Orient. Der Orientalismus sprach der islamischen, chinesischen und indischen Wissenschaft die Wissenschaftlichkeit ab und nährte die Fiktion, daß echte Wissenschaft eine genuin westliche Schöpfung sei. In gleicher Weise war islamisches Recht kein Recht, chinesische Medizin keine Medizin und die indische Zivilisation bar jeglichen rationalen Denkens: wahre Vernunft war der westlichen Zivilisation vorbehalten. Der Orient befand sich schon immer auf einer niedrigeren Evolutionsstufe als der Westen. Wissenschaftlicher Orientalismus wurde zu einem Bollwerk mit eigenem System: eigenen Lehrmethoden, eigenen Kommunikationsnetzwerken, eigener Form der Wissenstradierung. Er brachte eine eigene Denkart und Analysemethode hervor, die auf einer ontologischen und epistemologischen Unterscheidung zwischen West und Ost gründete. Er wurde zu einem sich selbst erhaltenden, geschlossenen System, das sich aggressiv gegen jegliche interne oder externe Kritik wehrte; ein autoritäres System, das heute noch genauso herrscht wie zur Kolonialzeit.

Hwang geht es in erster Linie darum, eine Studie zum Orientalismus zu präsentieren, die ihr Augenmerk auf seine Hauptbestandteile richtet: sexuelle Faszination und die Fiktion der unterwürfigen Orientalin. Seine Arbeit bezieht sich auf den Titel eines Werks, das zu den Ikonen des Orientalismus zählt: *Madame Butterfly*. Die Musik und das Szenario von Puccinis Oper ziehen sich durch den ganzen Film *M. Butterfly*. Neben Kleopatra und Mata Hari ist Madame Butterfly die Personifizierung der orientalistischen Idee schlechthin. Und diese verzerrende Idee findet ihren vollkommensten Ausdruck in wirklichen Menschen, die ein literarisches Leben haben. Das Zusammenspiel zwischen Realität und Fiktion ist der zentrale Punkt, der Punkt, an dem der Orientalismus seine volle Wirkmächtigkeit entfaltet. In *M. Butterfly* ist die Figur René Gallimard der personifizierte Orientalist.

An *Madame Butterfly* beeindruckt Gallimard vor allem die Schönheit der Geschichte, das Thema des »reinen Opfers«. Im Verlauf des Films spinnt er diese Vorstellung weiter, bis sie am Ende die bedingungslose Liebe orientalischer Frauen zu Männern bedeutet, die es nicht wert sind. Für den westlichen Mann ist dies eine verlockende Vorstellung, und die Parallele zur christlichen Theologie ist unverkennbar. *M. Butterfly* ist nur scheinbar kein religiöser Text, denn in Wirklichkeit benutzt Hwang auf subtile Weise christliche Grundideen, um an ihnen aufzuzeigen, welch entscheidende Rolle sie bei der Entstehung der orientalistischen Klischees gespielt haben. Das reine Opfer, die bedingungslose Liebe für den, der ihrer nicht würdig ist: beides sind wesentliche Grundlagen des christlichen Glaubens. Für Hwang hat die Tatsache, daß es einem westlichen Mann weniger um den sexuellen Akt geht, als vielmehr um den Wunsch nach der perfekten Liebe, etwas von der Leidenschaft eines zölibatären Geistlichen. Die sexuelle Zweideutigkeit ist von zentraler Bedeutung für die Beziehung zwischen Gallimard und Song Liling, die er »my butterfly« nennt. Er findet Song Lilings männlichen Körper hinreißend, weil er dem eines »jungen Mädchens« gleicht, was einem pädophilen Wunsch sehr nahe kommt. Doch die sexuelle Mixtur ist wesentlich komplexer. Auch die Liebe zu Kindern gilt als bedingungslos und gibt dem Liebhaber die Möglichkeit zu formen, zu erziehen und zu prägen. Der pädophile Impuls fügt Kiplings Vorstellung vom Anderen, Nicht-Westlichen eine neue Variante hinzu: das Zwitterwesen, »halb Teufel, halb Kind«. Für Gallimard haben orientalische Frauen genau diesen Reiz und noch viel mehr. Der Orientalismus konstruiert den Orient als passive, kindliche Entität, die man lieben und mißbrauchen, formen und unterdrücken, manipulieren und konsumieren kann.

Song Ling nähert sich Gallimard so verschämt, so bescheiden, daß es beinahe mystisch wirkt. Als er ihr in der Pekingoper zum ersten Mal begegnet, steht »sie« hinter einem Gazevorhang – eine Anspielung auf den Harem und seine geheimen Genüsse. Obwohl sie noch Jungfrau ist – »zwar bin ich unerfahren, aber nicht unwissend«, sagt Song zu Gallimard –, kann er davon ausgehen, daß sie als orientalische Frau in der Kunst exotischer Liebesfreuden unterrichtet wurde. Sexuellen Genuß assoziiert die westliche Psyche mit der Ursünde, was sich im Katholizismus in der Vorstellung ausdrückt, daß nur ein Leben im Zölibat wirklich perfekt ist. Bei der Sexualität schwingt immer das Gefühl von Sünde und Versuchung mit. Aus westlicher Sicht bietet der Orient exotische und sündige sexuelle Freuden vor dem Hintergrund einer alten, mystischen und geheimnisvollen Tradition.

Ebenso wichtig ist die Erkenntnis, daß Gallimard bei seiner Inbesitznahme des Orient einer weiteren Verlockung erliegt: der alter Kulturen und Traditionen. Seine »Butterfly« ist Sängerin an der Pekingoper, mithin also Bewahrerin einer alten Kultur, und auch die Wohnung, in der Gallimard sie besucht, ist elegant und traditionell eingerichtet. Gallimard sieht in ihr die Ikone, das Verwurzeltsein mit einer alten kulturellen Tradition: sie hat ihren Charakter geformt, ihr entstammt ihr ganzes Wissen. Die Fassade, die Gallimard errichtet hat, bekommt einen Riß, als er es zum ersten Mal mit den Roten Garden zu tun bekommt: Die Kostüme der Pekingoper werden verbrannt, bis hin zu dem kunstvollen, feinen Haarschmuck, den seine

»Butterfly« getragen hat. Der Horror, den Gallimard empfindet, erklärt sich aus der Sehnsucht nach alter Tradition, denn während Fortschritt und Veränderung ein Wesensmerkmal des Westens sind, erwartet er vom Orient ein Festhalten an der Tradition, da nur dies garantiert, daß der Orient in seinen mittelalterlichen Strukturen gefangen und auf ewig rückständig bleibt.

Orientalisten hatten schon immer einen starken Hang zur Tradition. Das fängt schon damit an, daß sie der alten Tradition gegenüber der neueren den Vorzug gab. Sie entdeckten die »Vergangenheit« des Orient und übten über sie mehr Autorität und Kontrolle aus als die Orientalen selbst. Orientalisten erforschten nicht nur das islamische Recht, das eine lange Geschichte und Tradition besitzt, sondern sie formten es auch mit. Zum Beispiel legten sie die islamischen Gesetze fundamentalistisch aus und argumentierten dann, Muslime seien grundsätzlich konservativ und klammerten sich an rückständige Traditionen und Gebräuche. In Indien »entdeckten« Orientalisten die Vergangenheit nicht nur, sondern konstruierten einen Dualismus: Muslime wurden als die Fremden markiert, als Repräsentanten eines nicht-authentischen Indiens, während die Hindus die authentischen Inder waren, deren Zivilisation durch Einwirkung von außen bedroht war. Ein neues Geschichtsbild wurde geschaffen, ein goldenes Hinduzeitalter konstruiert, das der Tyrannei der Muslimherrschaft hatte weichen müssen. Als die Briten die Verwaltung Bengalens übernahmen, trieben deren Beamte diesen Dualismus derart auf die Spitze, daß die Tatsachen am Ende völlig verzerrt waren. Auf die Frage, wie groß der Anteil der Muslime in Bengalen, dem heutigen Bangladesch, sei, antworteten der Geograf James Rennell und der ehemalige Gouverneur Henry Verdst vor einem Parlamentsausschuß, Muslime machten nur ein Fünftel der Bevölkerung aus![2] Solche historischen und legalistischen Konstruktionen wurden benutzt, um orientalische Gesellschaften als naturgemäß despotisch zu charakterisieren. Orientalischer Despotismus war das Ergebnis fehlender bürgerlicher Institutionen, ohne die es unmöglich war, sich vom Joch des Feudalismus zu befreien. In muslimischen Gesellschaften gab es beispielsweise keine freien Städte, keine effektive Bürokratie, keine Rechtssicherheit, kein bürgerliches Unternehmertum, keine Freiheitsrechte, wie sie in jedem zivilisierten Rechtsstaat garantiert sind. Daher war der Einzelne ständig der Willkür eines Despoten ausgesetzt. Das Fehlen einer Zivilgesellschaft förderte nicht nur orientalischen Despotismus, sondern führte auch dazu, daß sich muslimische Gesellschaften wirtschaftlich nicht entwickeln konnten. Also waren Feudalismus, Despotismus und ökonomische Rückständigkeit dem Islam inhärent.

Gallimards Verehrung einer idealisierten, ikonenhaften Orientalin erinnert an ein weiteres Charakteristikum des Orientalismus: an die Idee vom weißen Mann als Gott. Der weiße Mann als Gott ist nichts anderes als der geliebte Lehrer: die Liebe des unfertigen Kindes zu ihm erhöht sein Selbstwertgefühl. Diese Gleichsetzung des weißen Mannes mit Gott ist eines der ältesten Klischees und findet sich noch heute in Büchern, Cartoons und Filmen – man denke nur an den auf Rudyard Kiplings Erzählung basierenden Film von John Huston *Der Mann, der König sein wollte*; oder an *Indiana Jones und der Tempel des Todes*; überhaupt an fast alle Abenteuerfilme, die in Afrika spielen. Diese Filme sind keineswegs unparteiisch und reine Fiktion, sondern bewußte Ideologie und sollen die natürliche Überlegenheit der Europäer demonstrieren. Im prämodernen Orientalismus, als der Westen zum ersten Mal mit den großen Kulturen des Islam und Chinas in Berührung kam, repräsentiert der christliche Missionar die Figur des weißen Mannes als Gott. In Afrika und der »neuen Welt« ist er es, der von den primitiven Wilden für einen Gott gehalten wird. Dieser Mythos beruht auf der Legende, daß angeblich die Azteken einer verdreckten Schar von Spaniern erlaubten, bis tief in ihr Reich vorzudringen, weil sie in ihnen den weißen Gott sahen, der, wie ihre Mythologie voraussagte, aus dem Westen kommen würde. Exakt die gleiche Mythologie wird bemüht, um zu erklären, warum die Hawaiianer Captain Cook zunächst akzeptierten und verehrten und ihn dann, in einer Wiederholung des zeremoniellen Dramas des Lomo-Mythos, töteten. Auch Peter Shaffer nimmt in seinem Stück *The Royal Hunt of the Sun* (das auch verfilmt wurde) Bezug auf diese Legende, nur geht es diesmal um die Ankunft der Spanier im Inka-Reich. Er erforscht das komplexe Phänomen der Anziehungskraft, die der Gedanke, von »guten Wilden« als Gott angesehen zu werden, auf die europäischen Kolonialisten ausübte.

Auch heute noch ist der weiße Mann gottgleich: Wer solche wissenschaftlichen Wunder vollbringt, wer eine solche Supertechnologie schafft, der kann dem »einfältigen Anderen« nur wie ein Gott erscheinen, den man anbeten muß. Wie Gallimard in der Oper mehrfach bemerkt, betet Madame Butterfly Pinkertons Bild noch immer an, als er sie schon längst verlassen hat. Im Christentum wird eine Kindfrau, die sexuelle Begehrlichkeiten weckt, zwangsläufig mit der Vorstellung vom Teufel verbunden. Und nicht vergessen darf man auch folgende Assoziation: Im westlichen Denken des Mittelalters lag der Garten Eden im Osten, wie man auf allen Karten dieser Zeit erkennen kann. Als Kolumbus Amerika erreichte in dem Glauben, er sei im Orient angekommen, an den Grenzen von Cathay (China), da erkannte er im Orinoko den Fluß des Gartens Eden. Und was findet man im Garten Eden? Eva, die nur darauf wartet, den Menschen mit verbotenem Wissen zu verführen. Hwang deutet subtil an, wie tief orientalistische Vorstellungen in der westlichen Psyche verwurzelt sind, und er macht ebenfalls deutlich, daß diese Vorstellungen auf westlichen Denkmustern beruhen. Orientalismus gründet sich nicht auf Erfahrungen mit dem Orient, sondern ist vielmehr ein Fantasiegebilde, das sich aus westlichen Vorstellungen zusammensetzt, die man dem Orient überstülpt. Der Orient, versinnbildlicht durch seine ikonenhaften Frauen, ist unterwürfig – wie könnte man auf einen »Gott« auch anders reagieren?

Nachdem Gallimard Madame Butterfly zum ersten Mal gesehen hat, verfällt er ihr und verfolgt von da an »seinen Schmetterling«. Entscheidend ist vor allem, welche Wirkung die neue Eroberung auf ihn hat. Der farblose Typ macht eine Verwandlung durch: Gallimard spricht und kleidet sich anders, er wird befördert und mit Geheimdienstaufgaben betraut. Und noch wichtiger ist, daß er plötzlich selbstbewußt über China, dessen Pläne und die *Realpolitik* in den Beziehungen zwischen Orient und Okzident spricht. Gallimards setzt im Beruf die orientalistische Linie fort, nur daß hier die Vorstellung vom Halb-Teufel-halb-Kind-Wesen etwas Bigottes, Rassistisches und Chauvinistisches bekommt. Der Mann, der eine idealisierte ikonenhafte Vorstellung von orientalischen Frauen hat, findet die Menschen des Orient *en masse* unappetitlich, wie mehrere Sätze des Drehbuchs deutlich machen. Am sinnfälligsten wird dieser Punkt in der Diskussion über *Realpolitik* und Frankreichs Rolle in Indochina. Gallimard soll für die Amerikaner Informationen beschaffen, die ausgerechnet in Vietnam kämpfen, dort, wo Frankreich in der Schlacht von Dien Bien Phu seine größte Niederlage erlebt hat. »Glauben Sie wirklich, diese kleinen Männchen hätten uns schlagen können, wenn wir das nicht unbewußt gewollt hätten?«, fragt er den französischen Botschafter. In all seinen politischen Urteilen ist der Einfluß seiner Beziehung zu einer Orientalin zu spüren. Gallimard bemerkt beispielsweise zu dem Botschafter, daß die westliche Lebensweise insgeheim eine unwiderstehliche Anziehungskraft auf Chinesen ausübe, was diese allerdings nie zugeben würden. Spätestens jetzt ist das Kind bereit, seine Lektionen zu lernen: die bedingungslose Liebe, die es dem weißen Mann entgegenbringt, repräsentiert auf einer allgemeineren Ebene die Liebe zum Westen und seiner Lebensart. Folglich wird China irgendwann seine Grenzen für westliche Unternehmen öffnen. Folglich ist die Unterwürfigkeit nicht nur eine Eigenschaft der orientalischen Frau, sondern ein wesentlicher Charakterzug des Orientalen überhaupt. Folglich wird der Orient einem stärkeren

Ansturm nicht standhalten. Fazit: Amerika muß in Vietnam einfach nur Stärke und Entschlossenheit demonstrieren.

Macht ist ein wesentlicher Faktor im Orientalismus. Zu den faszinierendsten Aspekten des Topos der Orientalin gehört, daß man Macht mißbrauchen und grausam sein darf. Das wird ganz offen ausgesprochen: Bei ihrem ersten intimen Treffen wirft Song Liling Gallimard vor, er sei grausam, und wiederholt diesen Vorwurf später noch in ihrem Brief. Der Orient bietet sadomasochistischen Genuß am Schmerz. Gallimard genießt es, sich »seinen Schmetterling« als Sklaven vorzustellen, zu dem man grausam sein darf, den man ungehindert bestrafen kann, dessen Funktion definitionsgemäß darin besteht, erniedrigt zu werden. So sahen die imperialistischen Mächte schon immer ihre unterworfenen Völker. Der Orientalismus rechtfertigte sowohl die Ausbeutung der asiatischen Völker, als auch ihre Unterjochung.

Song Liling ist in Hwangs Stück die Gegenfigur, die Gallimards orientalistische Fantasien Lügen straft. Fiktion und Mehrdeutigkeit treffen offen aufeinander. Song Liling ist keine Puppe, sondern ein empfindsames Wesen, das sich der Dynamik einer realen Welt beugen muß, in der die Fiktion des Orientalismus dazu beiträgt, ihre persönlichen Bedürfnisse zu befriedigen, und ihr die Gunst der Behörden einbringt. Gallimard hingegen wird in seinem orientalistischen Wahn zum Spielball kommunistischer Interessen. Die Informationen, die Song Liling ihm entlockt – zum Beispiel die Truppenstärke der Amerikaner in Vietnam –, sind korrekt, ganz im Gegensatz zu Gallimards Hirngespinsten, die er selbst für eine Meisterleistung der Spionage hält. Themen wie Täuschung, Wahrheit und Lüge, Fiktion und Wissen, sind nach Hwangs Argumentation die wichtigsten Bestandteile des orientalistischen Diskurses.

Der Ausbruch der Kulturrevolution zerstört Gallimards Welt. Als er seine Vorgesetzten falsch informiert, muß er die Heimreise nach Frankreich antreten. Song Liling wird als bourgeoises, reaktionäres Element gebrandmarkt und gewaltsam umerzogen. In Frankreich besucht Gallimard eine Aufführung von *Madame Butterfly*. Aber selbst die hohe Dosis an Realität, die er erhalten hat, kann seinen Traum vom Orient nicht zerstören. Als Song Liling in Frankreich eintrifft, kann sie Gallimard überreden, für China zu spionieren. Gallimard wird zum Nachrichtenkurier und gewährt den Chinesen Einblick in Geheimdokumente, doch er wird überführt und vor Gericht gestellt. Das Gericht fragt Song Liling, die nun in ihrer wahren Gestalt als Mann auftritt, ob Gallimard sich dieser Täuschung nie bewußt gewesen sei. Er antwortet, Gallimard habe nie gefragt und habe es daher auch nie erfahren. Als Song Liling und Gallimard im Polizeiwagen weggebracht werden, zieht sich Song aus und bietet sich Gallimard an. Erst da akzeptiert Gallimard die Wahrheit: »Wie konntest du, der mich so gut verstand, solch einen Fehler begehen?«, sagte er. »Du zeigst mir dein wahres Selbst. Ich aber liebte die Lüge, die süße Lüge.« Der Orientalismus ist die große Lüge im Herzen der westlichen Zivilisation: eine Lüge über das Wesen des Westens, eine Lüge über die großen Kulturen und Zivilisationen östlich des Westens, eine Lüge über »uns« und über »sie«. Der Orientalismus als Institution – Orientalismus verstanden als eine wissenschaftliche Tradition, ein Analyserahmen, der sich zusammensetzt aus Theologie, Philosophie und Soziologie, aus Repräsentationstechniken, literarischen Fiktion und Reiseschriftstellerei, aus der Weise, wie Macht und Wissen ausgedrückt werden, und aus einem ausgeklügelten System, Differenzen zu markieren – der Orientalismus als Institution gibt Mittel an die Hand, um den Orient zu handhaben, um ihn in Schach zu halten. Das Lebenselixier des Orientalismus ist die verzehrende Liebe zur »süßen Lüge«.

Während Gallimard wegen Hochverrats im Gefängnis sitzt, spielt er für seine Mitgefangenen die Todesszene aus *Madame Butterfly*. Ihm ist durchaus bewußt, daß er sich vor seinen Landsleuten lächerlich macht, und doch fordert er sie auf, nicht zu lachen. Der Höhepunkt des Films ist die Szene, in der

Gallimard einen Monolog hält und sich schminkt, bis er sich in Madame Butterfly verwandelt hat. Dies ist Hwangs stärkste These: Gallimard selbst ist zur Verkörperung des Orientalen geworden. Seine letzten Worte sind: »Mein Name ist René Gallimard, aber man nennt mich auch Madame Butterfly«. Und so besteht die Schlußpointe darin, daß der Orientalist an Eigenliebe zu Grunde geht. Orientalismus ist eine Erfindung des westlichen Denkens, dem es hauptsächlich um Macht geht. Und doch ist am Ende nicht entscheidend, welche Wirkung der Orientalismus auf das politische, wirtschaftliche und militärische Machtgefüge ausübt; entscheidend ist vielmehr, wie er das westliche Denken selbst beeinflußt: Der Orientalismus entfaltet seine größte Wirkmächtigkeit in der Idee der perfekten Liebe. Auf orientalistisches Denken zu verzichten hieße nicht nur, die politische, wirtschaftliche und militärische Kontrolle in der wirklichen Welt aufzugeben, sondern auch, das eigene, westliche Selbst in Frage zu stellen. Während sich Gallimard in die bizarre Parodie einer japanischen Frau verwandelt, erklingt Puccinis Musik. Und als die Mithäftlinge, mit denen er sein Geheimnis teilt, noch applaudieren, schneidet sich Gallimard die Kehle durch. *M. Butterfly* kommt zu dem ernüchternden Schluß, daß der Westen eher sterben würde, als sein orientalistisches Denken aufzugeben, und dies, obwohl er weiß, daß es sich um eine Fiktion handelt, der die Selbsttäuschung inhärent ist. Die Idee des Orient, argumentiert Hwang, ist zu einem integralen Bestandteil der westlichen Ästhetik geworden. Aus ästhetischen Gründen zieht der Westen in *M. Butterfly* den Tod der Wahrheit vor. Eine Welt ohne die Idee des Orient ist eine allzu schreckliche Vorstellung.

EINE KURZE GESCHICHTE

Der Orientalismus hat eine lange Geschichte, was bei einer Idee, die wesentlich zur westlichen Identitätsfindung beigetragen hat, auch nicht verwunderlich ist. Für gewöhnlich wird die Entwicklung des Faches als ein Prozeß beschrieben, der von Aberglaube und Ignoranz hin zu objektivem Wissen führt. Orientalismus, so das moderne Mißverständnis, sei das Ergebnis eines stetig wachsenden, immer neutraler werdenden Wissenskorpus. Bei der Begründung des Faches wird wie selbstverständlich davon ausgegangen, daß es so etwas wie den Orient überhaupt gibt. Dabei genügt ein kurzer Blick auf die Geschichte des Orientalismus, um zu sehen, daß dies nicht stimmt, daß man von falschen Voraussetzungen ausgegangen ist. Die Geschichte des Orientalismus zeigt, daß sich der forschende Blick nicht nach außen richtet, auf ein klar begrenztes Wissensgebiet, sondern daß es sich vielmehr um eine Selbstreflexion des Westens handelt, um eine intellektuelle Auseinandersetzung mit dessen Problemen, Ängsten und Wünschen, die dann auf ein Fantasieobjekt projiziert werden, das man den Orient nennt. Der Orient ist dabei ein veränderliches, mehrdeutiges Gebilde, das jegliche Bedeutung annehmen kann, die der westliche Betrachter ihm geben will. Eine wahre Geschichte des Orientalismus müßte sich mit all dem beschäftigen, was zu dieser Konstruktion beigetragen hat. Eine Geschichte des Orientalismus ist im wesentlichen eine Geschichte des westlichen Denkens, jedenfalls ist es keinesfalls die Geschichte einer Annäherung des Westens an den Osten auf der Suche nach einem größeren Verständnis. Der Orient der Orientalisten ist ein Kunstprodukt, eine Projektionsfläche, die der Westen benutzt, um seine eigenen Ängste zu objektivieren.

Um zu erläutern, wie der Orientalismus funktioniert, wollen wir nun einen Blick auf zwei wichtige Beispiele des Genres werfen: auf *Von Venedig nach China*³ von Marco Polo, ein Werk, das am Anfang steht; und *Die orientalische Despotie*⁴, von Karl A. Wittfogel, das vor nicht allzu langer Zeit erschienen ist. Marco Polos Buch erfreute sich von Anfang an großer Beliebtheit und hat das Orientbild entscheidend beeinflußt. Das Buch sei deshalb so bedeutend, weil es dem Westen eine neue Welt eröffnet habe, von der man bis dato nichts wußte: China. Über das Buch selbst weiß man nichts Genaues. Kein Original ist erhalten, alle Abschriften weisen gravierende Veränderungen, Einfügungen, Interpretationen, Fehler und Zusätze auf. Skurrilerweise ist kürzlich sogar ein Streit darüber entbrannt, ob Marco Polo überhaupt jemals in China war.⁵ Doch wie bei so vielen Berichten über den Orient spielt das gar keine Rolle, weil am Mythos nicht wichtig ist, was daran Mythos ist, sondern das, was man daran für wahr hält. Jedenfalls fand Marco Polos Buch Verbreitung in ganz Europa und wurde bald schon in den Wissenskanon aufgenommen, obwohl es doch nichts anderes ist als ein Hohlgefäß, in das sich westliche Wünsche füllen lassen. Zweierlei Dinge sind uns über die Entstehung des Buches bekannt: Marco Polo diktierte sein Buch einem mittelmäßigen Ghostwriter namens Rusticello, mit dem er in Kriegsgefangenschaft gewesen war. Es ging ihm offenbar darum, einen Bericht zu schreiben, der bewies, daß er tatsächlich ein Reisender im Dienste der Großen und Mächtigen seiner Zeit war. Sein Ziel will er dadurch erreichen, daß er mit großer Detailliertheit beschreibt, welche Dienste er angeblich dem großen Kublai Khan geleistet hat, den er als den mächtigsten, reichsten und verehrungswürdigsten Kaiser unter allen Kaisern darstellt. Kublai Khans Reich ist groß, bevölkerungsreich und verfügt über Reichtümer, von denen der Westen nur träumen kann. Marco Polo schildert den Orient als Paradies: was davon im Westen ankomme, sei nur ein Abklatsch. Außerdem habe der Orient auch etwas Barbarisches und Heidnisches und sei daher frei von den Hemmnissen und Beschränkungen, die das Christentum seinen Gläubigen auferlegt, womit Marco Polo auf sexuelle Freuden anspielt. Wer von einer Reise zurückkehrt und von einem solchen Schlaraffenland zu berichten weiß, bringt alle Voraussetzungen mit, um die Bedürfnisse seiner eigenen Gesellschaft zu erfüllen. Das Buch selbst ist größtenteils konventionell geschrieben, das heißt, es bedient sich literarischer Traditionen, die in Europa seit längerem etabliert waren. Stilistisch ist eindeutig die Handschrift Rusticellos zu erkennen, der identisch zu sein scheint mit jenem Rusticello, der auch die Artussagen für Prinz Edward und den englischen Königshof verfaßt hat. Sollte dies der Fall sein, tut sich eine Parallele auf, die unbedingt näher untersucht werden müßte. Die Artussage ist ein Versuch der normannischen Eroberer, sich die literarischen Traditionen der kolonisierten Kelten einzuverleiben, in deren Kultur diese Sagen verwurzelt sind.[6] Rusticello hatte ein gutes Gespür dafür, welche Informationen er herausfiltern mußte, damit sein Buch den Konventionen der herrschenden Klasse entsprach. Nicht anders hielt er es mit Marco Polos Bericht. Zwar ist der Osten größer, reicher und in gewissem Sinn auch besser, aber er ist auch fern, unterwürfig und minderwertig. Damit hatte er die richtige Mischung gefunden, die dazu beitrug, daß sich das Werk über Jahrhunderte halten konnte. Sein Einfluß war so groß, daß es alle weiteren Berichte über China überstrahlte, die vielleicht realistischer und besser geschrieben waren, die aber untergingen, ohne in der Gelehrtenwelt Spuren zu hinterlassen.

Karl August Wittfogel nimmt unter den Orientalisten eine Sonderstellung ein, weil er tatsächlich chinesisch konnte und daher in der Lage war, die Quellen im Original zu studieren. Außerdem hatte er China selbst besucht. Sein Hauptwerk *Die orientalische Despotie* aus dem Jahre 1957 ist das Ergebnis seiner lebenslangen Beschäftigung mit China. Um jedoch den Text und die darin vorgebrachten Thesen zu verstehen, muß man Wittfogels Biografie kennen. Nur so erhält die Besorgnis, die sich in dem Untertitel *Eine vergleichende Untersuchung totaler Macht* ausdrückt, ihren Sinn. Karl August Wittfogel wurde

1896 in Deutschland geboren, sein Vater war ein evangelischer Schullehrer. Als Student zeigte er Sympathien für die Bewegung um Rosa Luxemburg und Karl Liebknecht. Nach deren Tod im Jahre 1919 wurde er Mitglied der kommunistischen Partei. Wittvogel war Lehrer, Theaterschriftsteller und Parteiaktivist und studierte nebenbei europäische Wirtschaftsgeschichte und chinesische Sprache und Kultur an der Universität von Frankfurt. Sein Hauptinteresse galt Marx' Thesen zu den asiatischen Produktionsweisen. Er wollte dieses Konzept voranbringen, indem er eine Synthese zwischen Marx und Weber herstellte. Zu seinen Freunden zählte damals auch der Schriftsteller Bertolt Brecht. 1931 leitete Wittfogel nach einer Aufführung von Brechts umstrittenen Stück *Die Maßnahme*, in dem Brecht eine etwas unorthodoxe marxistische Linie verfolgt, die Diskussion über die Rolle russischer Kominternrevolutionäre in China. Wittfogel selbst galt als Rebell, da er ein entschiedener Gegner der Nazis war und den Beschluß der Komintern, dem direkten Konflikt mit ihnen aus dem Weg zu gehen, heftig kritisierte. Dies hatte zur Folge, daß man ihn, obwohl er als Experte auf dem Gebiet anerkannt war, von den großen Konferenzen über das asiatische Produktionsmodell ausschloß. Als die Nazis 1933 die Macht ergriffen, wurde Wittfogel verhaftet und durchlitt mehrere Konzentrationslager. Auf internationalen Druck aus der akademischen Welt kam er ein Jahr später wieder frei. Er ging nach China und versuchte die dortigen Kommunisten über die Schrecken der stalinistischen Schauprozesse aufzuklären, weigerte sich aber, Mao zu treffen. Als die Japaner in China einmarschierten, flüchtete er in die USA. Als er dort vom Hitler-Stalin-Pakt erfuhr, brach er endgültig mit dem Kommunismus. Von da an führte sein Weg nach rechts. Er wurde immer skeptischer gegenüber linkem Denken und liberalen Intellektuellen, befürwortete die Anhörungen vor den McCarthy-Ausschüssen der fünfziger Jahren und entwickelte ein obsessives Interesse am Thema Totalitarismus. So erklärt sich auch der Titel seines Buches: *Orientalischer Despotismus*.

Eine vergleichende Studie totaler Macht. Wittfogel schildert die Geschichte Chinas und letztlich der ganzen östlichen Welt so, als hätte sie zwangsläufig auf das totalitaristische, kommunistische Regime Maos zugesteuert. Wittfogel war insofern ein traditioneller Orientalist, als er in sein Orientbild alle Länder einschloß, die zur Zeit der Eroberer jenseits Europas lagen, also nicht nur China, sondern auch Indien[7], den Mittleren Osten und die Reiche der Maya, Azteken und Inka. Um es kurz zu machen: Wittfogel bietet all seine Gelehrsamkeit auf, um aus der Geschichte des Orient ein warnendes Beispiel für den Westen zu konstruieren. Damit knüpft er nahtlos an die bestehende Tradition an.

Die beiden Beispiele, Marco Polo und Wittfogel, zeigen, daß der Orientalismus ein Kompendium ist, das alle möglichen Themengebiete umfaßt; und daß er beeinflußt ist von politischen Interessen und literarischen Konventionen, die in beide Richtungen wirken. Die Geschichte des Orientalismus ist die Geschichte des westlichen Selbst, seiner Vorstellungen, Handlungsweisen, Ängste und Moden, was manchmal mehr, manchmal weniger offen zu Tage tritt. Für gewöhnlich beginnt die westliche Geschichtsschreibung mit der Behauptung, das Wissen und das Denken habe seinen Ursprung im antiken Rom und Griechenland. Auch eine Geschichte des Orientalismus müßte dort ansetzen, bei dem dem Nachweis nämlich, daß Griechen und Römer praktisch nichts über den Orient wußten. In vielerlei Hinsicht hat sich im Orientalismus viel von der ikonoklastischen Einstellung, von der Ideenwelt und dem Wissensschatz der Griechen und Römer erhalten, und die Konvention, die Geschichte dort beginnen zu lassen, ist lediglich eine weitere Manipulation des Orientalismus. Denn das Ziel dieser Konvention ist es zu betonen, wie anders der Orient ist, wie weit die Ursprünge auseinander liegen und wie sehr das westliche Bewußtsein mit sich selbst identisch ist. Dabei ist der Orientalismus das Produkt einer Identitätskrise, die ein Orientbild nötig machte, mit dem der Westen sich die Bedrohung seiner Identität vom Leibe halten, sie unschädlich machen und in die Schattenregion verbannen konnte. Es mag tatsächlich eine Traditionslinie geben, die von Griechenland und Rom bis heute reicht. Dennoch beginnt die Geschichte des Orientalismus mit dem Islam, weil der Islam das westliche Selbst in Frage stellte und eine Krise herbeiführte, auf die man eine Antwort finden mußte. Also orientierte man sich an allem, was nicht-westlich war, unter anderem auch an der römischen und griechischen Geschichte, und definierte die eigene Identität, indem man sich gegen den Islam abgrenzte. Mit anderen Worten: Der Westen benutzte den Orient zur Identitätsfindung.

DER ISLAM UND ANDERE MONSTER

Von Anfang an stellte der Islam die christliche Welt vor ein »Problem«. Welchen Zweck sollte die Erleuchtung eines arabischen Propheten haben, sechshundert Jahre nach der Kreuzigung und Wiederauferstehung von Gottes eigenem Sohn? Der Islam erkannte das Christentum und seine Legitimität an. Er beschrieb sich selbst als das letzte Glied einer Kette, die aus Abraham, Moses, Jesus und den Propheten gebildet wird; er akzeptierte die jungfräuliche Geburt Jesu und räumte ihm unter den Propheten einen besonderen Platz ein; er akzeptierte die Bibel als eines der Bücher Gottes (allerdings von Menschenhand beschmutzt). Der Islam hatte kein »Problem« mit dem Christentum, er hielt seine Türen offen und gewährte ihm und seinen Institutionen in muslimischen Ländern Schutz. Das Christentum seinerseits war zu solch einer ökumenischen Höflichkeit nicht bereit. Es rang in Europa um eine orthodoxe Lehre und pochte auf die Einzigartigkeit der christlichen Botschaft und Kirche, einer Kirche zumal, die für sich in Anspruch nahm, der Leib Christi zu sein und Gottes Vorsehung auf Erden zu erfüllen. Als Europa sich ein Jahrhundert nach Mohammeds Tod mit dem Islam konfrontiert sah, war dies ein politisches Problem. Erschwerend kam hinzu, daß die muslimische Zivilisation der europäischen auf intellektuellem, sozialem und kulturellem Gebiet überlegen war. Um dieser Herausforderung zu begegnen, erfand man den Orientalismus.

Die Grundlagen für den Orientalismus legte Johannes von Damaskus (ca. 645 bis 750), ein christlicher Gelehrter und enger Freund von Ummayad Caliph Yazid. Er erklärte den Islam zu einem heidnischen Kult, die Kaaba in Mekka zu einem Götzenbild und den Propheten Mohammed zu einem areligiösen, ausschweifenden Menschen. Er behauptete, Mohammed habe seine Lehre unter der Anleitung eines arischen Mönchs aus dem Alten und Neuen Testament zusammengeschustert. Die Schrift des Johannes von Damaskus bildete die Grundlage für alle weiteren Veröffentlichungen über den Islam, und sein Einfluß ist bis heute spürbar. In *Hagarism* aus dem Jahr 1977 folgen Patricia Crone und Michael Cook[8] genau der gleichen Argumentation oder, anders formuliert, sie schreiben im gleichen Geist. Die Behauptungen des Johannes von Damaskus fanden in der christlichen Welt nicht nur deshalb ein so starkes Echo, weil sie den Islam als eigenständige Religion darstellten, sondern auch, weil sich die muslimische Gesellschaft so sehr von der europäischen unterschied. R.W. Southern schreibt:

> Für nahezu die ganze Epoche des Mittelalters gilt: Der Westen war eine vorwiegend agrarische, feudale und klösterliche Gesellschaft, während die islamische Welt sich durch große Städte, reiche Höfe und effektive Kommunikationswege auszeichnete. Während der Westen eine klerikale Gesellschaft ausgebildet hatte, in der das Zölibat und eine hierarchische Ordnung zu den zentralen Werten gehörten, war der Islam von Toleranz, Sinnlichkeit, Gleichheit und Denkfreiheit geprägt.[9]

Die Führer der Christenheit waren plötzlich mit einer sich rasch ausbreitenden, neuen Religion konfrontiert, die eine vollkommen andere Gesellschaft hervorgebracht hatte und Gottes Verheißungen in Frage zu stellen schien. Was war zu tun? Ein

Blick in die Bibel sollte helfen. Paulus Alvarus (ca. 790 bis 859) stieß dort auf die Behauptung, der Islam werde nur dreieinhalb mal siebzig also insgesamt 245 Jahre währen. Da er im Jahr 854 schrieb und der Islamische Kalender mit dem Jahr 622 begann, lag der Schluß nahe, daß das Ende der Welt kurz bevorstand. Zufällig war 852 Abd ar-Rahman III., der Emir von Córdoba, gestorben. Sein Nachfolger Mohammed I. hieß in der christlichen Welt auch »der Mann der Verdammnis unseres Zeitalters«.[10] Alvarus und seine Glaubensbrüder waren im Besitz einer kurzen Biografie »Mohammeds«, einer Art Parodie auf Jesu Leben aus der Feder spanischer Mönche, in der Mohammeds Tod auf das Jahr 666 datiert wird. Die 666 aber ist die Zahl, die die »Bestie der Offenbarung« repräsentiert, den Anti-Christen. Damit schließt sich der Kreis: Mohammed war der Antichrist, und der Islam eine finstere Verschwörung gegen das Christentum. Dies war, wie Southern bemerkt, »das erste kohärente und umfassende Islambild (...), das der Westen hervorbrachte.« Es war das Ergebnis vollkommener Ignoranz, das allerdings einem bestimmten Zweck diente:

> Die Männer, die diese Sichtweise entwickelten, schrieben auf Grund eigener Erfahrungen – und diese Erfahrungen bezogen sie auf die einzige feste Grundlage, die ihnen zur Verfügung stand: die Bibel. Daß sie nichts vom Islam wußten, lag nicht daran, daß er ihnen so fern lag wie noch den karolingischen Gelehrten, sondern ganz im Gegenteil an der Tatsache, daß sie inmitten des Islam lebten. Wenn sie wenig von dem begriffen, was um sie herum geschah und sie sich im Islam nicht auskannten, dann deshalb, weil sie es nicht wollten.[11]

Absichtliches Mißverstehen und wissentliche Ignoranz waren von Anfang an ein prägendes Merkmal des Orientalismus, auch dann noch, als echtes Wissen längst verfügbar war. Denn es ging immer nur darum, was der Westen zu wissen wünschte, und nicht darum, was er wissen konnte. Nachdem das Orientbild einmal in der Welt war, entwickelte es eine Eigendynamik und setzte sich angesichts des sich ausbreitenden Islam immer stärker fest.

Als die Kreuzzüge begannen, reicherte man dieses propagandistische Islambild mit neuen Hirngespinsten an, um die Truppen zu motivieren. Im französischen Clermont rief Papst Urban im Jahr 1096 zum ersten Kreuzzug auf. Um seiner neuen Idee zum Erfolg zu verhelfen, vermengte er sie mit Altbekanntem: mit der Lehre von der guten Tat und dem Pilgertum. Durch die Behauptung, das Christentum habe einen Herrschaftsanspruch im Geburtsland Jesu, das einst zum Römischen Reich gehört habe, schuf er die Grundlagen für ein europäisches Bewußtsein. Dabei spielte er ein monolytisches Christentum gegen einen monolytischen Islam aus und erklärte diesen zu seinem Erzfeind. Der Aufruf zum Kreuzzug wurde in ganz Europa befolgt, Menschen aus allen Gesellschaftsschichten machten sich auf den Weg ins Heilige Land. Gwyn A. Williams schreibt: »Die Kreuzzüge waren eine Mischung aus kolonialistischer Gier und religiösem Eifer, die ganz Europa erfaßte.«[12] Diese Idee entzündete die Vorstellungskraft der Zeit in einem solchen Maße, daß der Kreuzfahrerethos zum zentralen Motiv des westlichen Denkens wurde. Der geografische Ort war allen Europäern vertraut: Der Mittlere Osten ist das Land, das in der Bibel beschrieben wird. Pilgerliteratur, eine Mischung aus Devotionsschrift und Reiseführer, wurde populär. Schon vor dem ersten Kreuzzug gab es Schriften, die von Orten berichteten, an denen angeblich Wunder stattgefunden hatten. In der kollektiven Vorstellung gehörte der Mittlere Osten bereits den Christen, und seine Eroberung war nur der nächste logische Schritt: Die Idee der Kreuzzüge war geboren.

Das Motiv einer Lebensreise zum himmlischen neuen Jerusalem verschmolz mit dem Kreuzfahrerideal der Eroberung des irdischen Jerusalem. Ohne den Islam jedoch wären die Kreuzzüge undenkbar gewesen. Das Kreuzfahrermotiv drang tief in das kollektive Bewußtsein der Zeit ein, und mit ihm das gegensätzliche Prinzip: der Islam. Beide Prinzipien war unlösbar miteinander verknüpft, das eine hatte ohne das andere keinen Sinn. Ob triumphale Eroberung oder heldenhafter Abwehrkampf: das Feindbild war eine wesentliche Voraussetzung für das Kreuzfahrerideal und hat es tief geprägt. Die Greuelpropaganda nutzte dabei bewußt das fehlende Wissen über den Islam und verzerrten das falsche Bild sogar noch mehr, um die Kreuzzüge propagandistisch zu unterstützen. Auch die Kreuzfahrer brachten kein neues Wissen mit nach Hause, sondern lediglich Märchengeschichten über die Herrscher im Heiligen Land. Mohammed wurde zum Zauberer degradiert, der die Kirche in Afrika und im Osten zerstört habe. Sein Lockmittel sei die Aussicht auf Promiskuität gewesen, an der er schließlich selbst zu Grunde gegangen sei, als er mit einer Herde Schweine zugange war. Bei seinem Tod sei ein weißer Stier erschienen, um seinen Anhängern Angst einzuflößen, und habe Mohammeds Gesetze auf den Hörnern fortgetragen. Mohammeds Grab werde mit Magneten in der Schwebe gehalten.

Beim ersten Kreuzzug 1099 wurde Jerusalem vollkommen geplündert. Kreuzfahrerkönigtümer wurden gegründet, die sich im Mittleren Osten über zweihundert Jahre lang hielten. Erst 1244 fiel Jerusalem wieder in muslimische Hand, Acre erst 1291. Die Kreuzzüge waren keine einfache Pilgerreise, bei der man einmal hin und dann wieder zurückfuhr. Es handelte sich vielmehr um ein Engagement, das sich über Jahrhunderte hinzog, um einen Prozeß, der in mehreren Phasen ablief. Um die Kreuzfahrer und ihre Geldgeber modifizierte man die ideologische Begründung für die Kreuzzüge immer wieder. Außerdem sorgte man dafür, daß sich die Christen, die sich im Mittleren Osten niedergelassen hatten, nicht mit der örtlichen Bevölkerung vermischten. Vom Islam entwarf man bewußt ein verzerrtes Bild, um einen engeren Kontakt und ein besseres Verständnis zwischen den beiden Religionen zu verhindern. Schon die schlichte Tatsache, daß das Christentum mit dem Islam in Berührung gekommen war, stellte ein Problem dar und erforderte ein Konzept, das den Islam auf Distanz hielt. Ein

Propagandamittel, das sich dieser konstruierten Ignoranz bediente, waren die damals populären *Chansons de geste* (siehe Norman Daniels). In ihnen wird der Prophet Mohammed zum »Mahound«, einem Synonym für den Teufel. Eines der ältesten *Chansons de geste* ist das Rolandslied von Chrétien de Troyes, geschrieben circa 1130. Darin wird die Kreuzfahreridee mit einem geschichtlichen Ereignis verknüpft: der Schlacht um Roncesval 778 zur Zeit Karls des Großen, der angeblichen Geburtsstunde Europas. Das Rolandslied beschreibt Muslime als Heiden, die neben dem Propheten Mohammed und Allah noch drei weitere Götter anbeten: Tervagent, Apolin und Jupiter, die wie Gwyn A. Williams nachgewiesen hat, keltische Züge aufweisen. Die Artussagen vermischen sich hier mit Kreuzfahrerliteratur. Die Kreuzzüge waren zwar hauptsächlich gegen den Islam gerichtet, dienten aber auch dazu, häretische Bewegungen in Europa zu unterdrücken. Dem *Rolandslied* – wie überhaupt den *Chansons de geste* – liegt die Vorstellung zu Grunde, die Welt der »Sarazenen« sei ein Spiegelbild des Christentums, mit dem Unterschied allerdings, daß alle moralischen Werte verkehrt seien. Ein mutiger Sarazene könnte also durchaus ein idealer Ritter sein, sofern er nur ein Christ wäre. Als der Held Roland stirbt, übergibt er seine Seele freiwillig den Erzengeln; als der Sarazene Marsilla stirbt, muß seine Seele ihm von »lebendigen Teufelchen« entrissen werden.

Aus dem Kontakt mit der muslimischen Tradition sowohl in Spanien als auch im Heiligen Land zog der Westen großen Gewinn. Der Orient besaß Gold und Juwelen in Hülle und Fülle, aber auch unbekannte Produkte, die man in Europa begierig aufnahm und bald nicht mehr missen wollte. Es ging jedoch nicht allein um Handelswaren. Der Westen übernahm auch die Idee der Universität: formal, terminologisch und inhaltlich orientierte sie sich an den *Madrassas*, die sich seit dem achten Jahrhundert in der muslimischen Welt etabliert hatten. Denn dort hatte sich – im Gegensatz zur westlichen Welt – das Wissen der Antike erhalten. Das Streben nach arabischer Gelehrsamkeit, der Grundlage für die Kulturrenaissance durch Thomas von Aquin, Peter Abélard und Roger Bacon im zwölften Jahrhundert, war so groß, daß die Mächtigen der damaligen Zeit sich beunruhigt fragten, welche Wirkung diese inakzeptablen häretischen Ideen auf die christliche Lehre haben würden. Daher mußten wieder die Propagandisten ans Werk, diesmal mit noch größerem Feuereifer. Der Leidenschaft für arabische Dichtung wurde Dante Alligheri (1265–1221) entgegengesetzt. Im 28. Gesang der *Göttlichen Komödie* läßt dieser »Maometto« sagen:

> Nie bleckt' ein Faß, dess' Mitte oder Rand
> verlor die Daube, wie ich einen sah,
> zerschlissen ganz, vom Kinn bis wo man fistet:
>
> Zwischen den Beinen hing das Eingeweide,
> die Brust zerrissen bis zum eklen Sack,
> der das, was man verschluckt, in Kot verwandelt.
>
> Dieweil ganz aufmerksam ich ihn betrachte,
> riß er die Brust sich auf und sah mich an
> und sprach: »Sieh her, wie ich mich selbst zerreiße!
>
> Sieh doch, wie Mahomet verstümmelt ist!
> Der vor mir weinend schreitet, ist Alì,
> gespalten im Gesicht vom Kinn zum Schopf.
>
> Auch alle andern, die du hier noch siehst,
> sie säten Zwietracht nur und Streit und Hader
> im Leben, darum sind sie so zerspalten.

Auch der Einfluß muslimischer Philosophen wurde immer spürbarer. Beispielsweise vertrat Avicenna (Ibn Sina) die Ansicht, daß der Mensch Gottes niemals ansichtig werden könne, und diese Meinung fand in gewissen akademischen Kreisen des Christentums durchaus Anhänger. Dies brachte Thomas von Aquin etwa 1250 dazu, eine orthodoxe Erwiderung zu schreiben. Um theologisch beweisen zu können, daß die Seelen der Seligen Gottes durchaus ansichtig werden, mußte Thomas von Aquin auf einen muslimischen Philosophen zurückgreifen: Averroes (Ibn Rushd). Um Avicenna des Fehlers zu überführen, stützte sich Thomas von Aquin auf die Sprache und Methode Averroes. Für Thomas von Aquin waren Muslime und Juden, da sie die christliche Botschaft vernommen, aber verworfen hatten, unrettbar verlorene Ungläubige, wohingegen all jene, die noch nicht mit der frohen Botschaft in Kontakt gekommen waren, rettbare Ungläubige waren. Roger Bacon (1214–1292) sah es sogar als seine Aufgabe an, mit Hilfe von islamischer Philosophie gegen den Islam zu predigen. »Philosophie ist eine Sache der Ungläubigen, nur durch sie kennen wir sie überhaupt«, erklärte er.[13] Seine Bemühungen stießen beim Papst auf taube Ohren. John Wycliffe, der zwischen 1378 und 1384 schrieb, sah im Islam nicht nur eine theologische, sondern auch eine moralische Häresie. Die christliche Lehre war längst zum Maßstab eines »normalen« Lebens geworden, eines Lebens nach dem Naturrecht. Johannes von Segovia (ca. 1395–1458) empfahl die Grundlage des Islam anzugreifen: den Koran. Die fundamentale Frage lautete: War der Koran das Wort Gottes oder nicht? Sollte man nach einer eingehenden Untersuchung des Textes nachweisen können, daß der Koran Widersprüche und Fehler enthielt, und sollte sich herausstellen, daß er mehr als nur einen Verfasser hatte, dann sei es ein Leichtes, jedermann davon zu überzeugen, daß der Koran nicht das war, was er zu sein vorgab. Auf dem Konzil von Wien 1312 wurde argumentiert, daß man Muslime weder mit Worten, noch mit dem Schwert bekehren könne, da ihr Herz verhärtet sei. Sie verachteten die Heilige Schrift, seien keinerlei Argumentation zugänglich und hielten starrköpfig an dem Lügengewebe des Korans fest. Dennoch schlug man vor, auf akademischem Wege gegen die Sarazenen vorzugehen und in Paris, Oxford, Bologna und Salamanca Professuren in Islamkunde einzurichten. Das Dekret wurde 1343 in Basel erneuert, aber die Lehrstühle wurden erst in der Mitte des siebzehnten bzw. Anfang des achtzehnten Jahrhunderts eingerichtet.

Durch die Präsenz der Kreuzritter im Mittleren Osten entstand ein neues Genre: die Reiseliteratur. Die Verfasser kamen aus den unterschiedlichsten Gesellschaftsschichten: es waren Missionare, hochrangige Vertreter von Königen und Fürsten, oder Kaufleute auf der Suche nach Reichtum. Dazu kamen später echte und intellektuelle Pilger, die auf die Große Reise gingen, um ihren Horizont zu erweitern. Geschrieben sind diese Reisebücher im Geiste von Guibert von Nogens und dem heiligen Bernhard. Guibert von Nogens schrieb eine Biografie Mohammeds, die sich, wie er selbst zugab, allein seiner Vorstellungskraft verdankte, wobei er auf das Recht pochte, von jemandem, der eindeutig der Antichrist sei, schlecht zu reden. Für den heiligen Bernhard war jeder tote Muslim ein Lobpreis Gottes. Das Land, in dem Wunder stattgefunden hatten, das Heilige Land wurde buchstäblich zum Wunderland, für das die im elften Jahrhundert populäre Schrift namens *Wunder des Ostens*, ein Vorläufer der mittelalterlichen Bestiarien, Modell stand. Darin waren alle möglichen monströsen Menschenrassen aufgeführt, die angeblich hinter den östlichen Grenzen Europas lauerten. Der Osten, das waren Ägypten und Babylonien, alle Länder, die um den Mittelpunkt der Erde, den Mittleren Osten, sprich: das Heiligen Land lagen. Wie Mary B. Campbell schreibt: »›Der Osten‹ hat nichts mit einem geografischen Ort zu tun. Er ist im Wesentlichen das ›Anderswo‹.«[14] Im Mittelalter und später auch im Orientalismus gilt, was schon in der Antike gegolten hatte: Der Orient war der Ort, an dem die monströsen Rassen lebten: Kannibalen, Troglodyten, Menschen mit Hundekopf. Dieser Topos hielt sich deshalb so zäh, weil er das Andere symbolisierte, und weil sich damit der Orient auf Distanz halten und für die Zwecke des Westens mißbrauchen ließ. Man könnte die Reiseliteratur als »säkulares« Genre bezeichnen, und doch spiegeln sich darin die Themen der jeweiligen Zeit wieder, das Selbstverständnis einer bestimmten Gesellschaft, ihre Werte und Ambitionen. Durch die Reiseliteratur erfahren wir, was die mittelalterliche Gesellschaft für wichtig erachtete. Im Mittelalter diente alles Schreiben einem moralischen Zweck, und der höchste Zweck bestand darin, gut von böse zu unterscheiden und damit den Tricks des Teufels auf die Schliche zu kommen, der schließlich sogar himmlische Zeichen vorgaukeln konnte. Augustinus hatte die monströsen Rassen zu einem Studienobjekt erklärt, zu einem Beweis für Gottes Schöpfungskraft. Von da an fanden sie sich überall: auf Karten, auf Stempeln, als Marginalien in Büchern, bis schließlich alle Reisenden, die Europas Grenzen hinter sich ließen, selbstverständlich davon ausgingen, daß sie auf solche Rassen treffen würden. Die Reisenden sahen, was sie zu sehen erwarteten, und berichteten genau das nach Hause. Alle Beschreibungen steckten im Zwangskorsett scholastischen Denkens, einem Denken in Ähnlichkeiten und Unterschieden, das Europa immer stärker zum Maß aller Dinge werden ließ. Der Florentiner Ricoldo da Montecroce reiste 1291 nach Baghdad und erwies sich als vollkommen blind gegenüber den Errungenschaften der muslimischen Welt, dem unangefochtenen Hort des damaligen Wissens. Es ging ihm ausschließlich darum, den Islam anzugreifen, eine laxe Religion, wie er meinte, und ebenso die Muslime, die er als verwirrt, verlogen, irrational, gewalttätig, finster usw. bezeichnete. Der irische Franziskaner Simon Semeonis reiste im Jahr 1323 nach Palästina. Im Gepäck hatte er eine Ausgabe des Koran, aus dem er häufig zitierte. Allerdings sah er sich außer Stande, den Namen Mohammed zu erwähnen, ohne ihm Beinamen zu verpassen wie Schwein, Biest, Sohn des Belial, Sodomit usw. Und dann gab es ja auch noch Sir John Mandeville, den Altmeister unter den Reiseschriftstellern, dem Nestor aller Orientalisten.

Die Kontakt mit dem islamischen Orient brachte so reichhaltiges Material über den Osten hervor, daß es ein »Reisender« gar nicht mehr nötig hatte, auch nur einen Fuß vor die Tür zu setzen. Der Kanon der orientalistischen Literatur strotzt geradezu vor Fantastereien von Leuten, die niemals selbst im Orient waren, die all ihr Wissen aus Büchern bezogen. Die Bücher, die sie schrieben, bildeten die Grundlage für andere Bücher, zementierten die kenntnisreiche Unkenntnis und bildeten das Fundament der westlichen Identität. Sir John Mandeville verließ nach eigenen Angaben St. Albans am Michaelistag des Jahres 1356. Tatsächlich aber gab es diesen Sir John Mandeville wahrscheinlich gar nicht. Fest steht jedenfalls: Wer auch immer der Verfasser des berühmtesten Reisebuchs aller Zeiten war, er hat seine Bibliothek nie verlassen. Heutige Wissenschaftler sind nach wie vor erstaunt darüber, wie lange sich Mandevilles *Reisen* gehalten haben, und versuchen, zwischen den mittelalterlichen Hirngespinsten etwas zu entdecken, was spätere Gelehrte hinzugefügt haben. Doch trifft dies nicht den Punkt. Die letzte Überarbeitung, von der wir wissen, stammt aus dem Jahr 1785. Darin verläßt der tapfere Freisasse Sir John den Ort St. Alban im Jahre 1732! Man hat bei der Lektüre des Textes nie den Eindruck, daß inzwischen vierhundert Jahre vergangen waren, was nichts anderes beweist, als daß sich das Orientbild in all dieser Zeit praktisch nicht verändert hatte: obwohl das Zeitalter der Aufklärung längst angebrochen war, obwohl inzwischen die Wissenschaften erhebliche Fortschritte gemacht hatten, obwohl die Europäer bis in den letzten Winkel der Welt gereist und ihn erobert hatten. Wie Percy Adams gezeigt hat, glaubte man den Reisenden alle ihre Lügen, obwohl Informationen über das, was wir die »Wirklichkeit« nennen, längst zugänglich waren. Denn wie soll man sonst erklären, daß Thomas Pennant in seiner Enzyklopädie *Outlines of the Globe* (1798–1800) Mandeville als den »größten Reisenden aller Zeiten« bezeichnete? Bei Reisegeschichten ging und geht es nicht um Rationalität, Wissenschaft und Wahrheit. Vielmehr sind sie geprägt von orientalistischen Denken, einem Fantasiegebilde, das der Verfasser von *Die Reisen des Ritters John Mandeville*, wer immer es auch war, so trefflich ausgeschlachtet hat.

Das Thema der *Reisen des Ritters John Mandeville* ist die Pilgerfahrt ins Heilige Land. Das Buch steht damit in einer langen Tradition. Pilgertexte waren nicht nur Reiseführer, sondern auch eine Art Enzyklopädie. Folgerichtig beruft sich Mandeville auf diese Tradition und flicht biblisches und antikes Wissen ein, wann immer er auf einen bestimmten Ort zu sprechen kommt. In seiner Vorstellung waren diese Orte zeitlos. Die Einsicht, daß Geschichte ein Prozeß der Veränderung ist, hatte er offenbar noch nicht entwickelt. Wie das Leben im Mittleren Osten aussah, daran war er ebenso wenig interessiert wie die Menschen im Mittelalter. Im Vordergrund stehen immer biblische Konnotationen, der Bezug auf die europäische Geschichte. Sir John Mandeville berichtet beispielsweise von der heiligen Helena, der Mutter von Kaiser Konstantin. Diese Dame hatte viele biblischen Orte, die später zu Pilgerstätten wurden, schlichtweg erfunden, und trotzdem kommt Mandeville auf sie zu sprechen und weiß zu berichten, daß sie die schöne Tochter von King Coel war. Das Bild, das Sir John vom Islam zeichnet, ist interessanterweise eher gemäßigt und human. Immerhin erkennt er an, daß der Islam die unbefleckte Empfängnis Marias akzeptiert und ihr und Jesus Respekt zollt. Die Erklärung des Johannes von Damaskus über den Ursprung des Islam erklärt er zum Ammenmärchen. Er selbst hat offenbar sorgfältig alle Quellen des Islam studiert, derer er habhaft werden konnte. Überzeugend stellt er dar, woran Muslime wirklich glauben, und kommt zu dem – ironischen – Schluß, daß durchaus Hoffnung bestünde, sie zu bekehren. Auch einen Abriß der muslimischen Geschichte präsentiert er, und zwar als blutrünstige Sage voller Morde und Vergewaltigungen. Schließlich schildert er ein Gespräch, das er mit dem Sultan unter vier Augen geführt haben will. Am Ende hat er ein neues Genre geschaffen: die Orientalismusliteratur. Dem Sultan fällt die Aufgabe zu, sich über den moralisch verderbten Zustand des Christentums in Europa beklagen, eine Tatsache, die auch der Verfasser nicht leugnen kann:

Ach, welche Schande ist es, daß Sarazenen uns wegen unserer Sünden tadeln und sich nicht zu unserem Glauben bekehren, da wir ihnen ein schlechtes Beispiel geben. Und sie haben wahrlich recht, denn sie leben getreu nach den Gesetzen des Korans, darin der Engel Gabriel den Mohammed Gottes Willen offenbarte.[15]

Offenbar hatte der Sultan als Kaufleute getarnte Spione ausgeschickt, um sich über den Zustand Europas zu informieren, »um unsere Schwachpunkte zu entdecken.« Auch in dieser Hinsicht reiht sich Sir John in eine Tradition ein, die bis zu den Anfängen des Orientalismus zurückreicht: Er versteckt sich hinter der Fassade des nicht-christlichen, nicht-europäischen Orients, um den Zustand der westlichen Gesellschaft seiner Zeit anzuprangern. Sir John verläßt schließlich den Mittleren Osten und bereist die ganze bekannte Welt: Indien, China, Südostasien. Am äußersten Rand des Orients stößt er schließlich an die Grenzen des irdischen Paradieses.

Sir Johns Beschreibungen beweisen wahrlich ein enzyklopädisches Wissen: Unermüdlich zählt er alle Länder östlich des Mittleren Ostens auf, erwähnt alle monströsen Völker, denen er unterwegs begegnet ist. *Die Reisen des Ritters John Mandeville* wurde 1470 zum ersten Mal gedruckt. Christopher Kolumbus las das Buch mit fiebriger Erregung, fand er dort doch die Bestätigung für seine Vermutung, die Erde sei rund und man könne daher auch nach Westen segeln, wenn man in den Osten gelangen wollte. Dr. Chanca, der Schiffsarzt auf Kolumbus' zweiter Reise, zitiert in seinem Reisetagebuch fast wörtlich ganze Passagen aus Mandevilles *Reisen*. Zum Beispiel läßt er darin einen »Inder« namens Dr. Chanca von Menschenfarmen erzählen, auf denen Kannibalen Menschen mästen. Auch Mandeville hatte von solchen Farmen berichtet, die angeblich in Südostasien lagen. Bei dem Gespräch zwischen Dr. Chanca und dem »Inder« war allerdings der Dolmetscher, der hebräisch und arabisch sprach, nicht anwesend, ein typisches Beispiel für den Orientalismus. Wegen der biblischen Bezüge war der Orient für die Europäer vor allem der Mittlere Osten. Wenn man zu den anderen Ländern gelangen wollte, mußte man immer diese Pforte passieren. Während Kolumbus sich auf die Spuren von Mandeville begab, sah sich Europa einer neuen »Weltplage« ausgesetzt, wie Francis Bacon es nannte: dem Einfall der Osmanen in Europa. Es war der Islam, der die Europäer dazu trieb, den ganzen Erdball zu erforschen. Man hatte sie aus dem Heiligen Land vertrieben, das Osmanische Heer drang immer weiter nach Europa vor und machte eine paneuropäische Verteidigungsanstrengung nötig. Dies führte dazu, daß man in Österreich und auf dem Balkan Länder bekämpfte, von denen man gleichzeitig finanziell abhängig war. Also taten die Europäer alles, um diese Isolation zu durchbrechen. Die stärkste Triebfeder für die Erforschung der Welt war die Aussicht auf Gold, das man bis dahin teuer aus dem Maghreb hatte einführen müssen. Es war unbedingt nötig, die erschreckend schlechte Außenhandelsbilanz mit den muslimischen Ländern ausgleichen. Dazu kam noch eine weitere Motivation: Man wollte Prester John finden, einen christlichen Monarchen, der einer Legende nach irgendwo im Osten lebte, und auch den großen Cham, von dem Marco Polo berichtet hatte und den man als Verbündeten im Kampf gegen die Osmanen gewinnen wollte. Die Entdeckung Amerikas durch Kolumbus und die Reformation, die Europa in intellektuelle und spirituelle Aufruhr versetzte, brachten die Dynamik in Gang, die das Verhältnis Europas zum Orient verändern sollte. Hätte Kolumbus nicht zufällig Amerika entdeckt, wäre das Projekt, einen Seeweg nach Indien zu finden, kläglich gescheitert. Prester John wurde nie gefunden, und als die Portugiesen, die immer eng an den Küsten entlang segelten, schließlich an der Malabarküste landeten, mußten sie feststellen, daß dort Muslime das Sagen hatten. Auf seinem Weg von Ostafrika nach Indien wurde Vasco da Gamas kleine Flotte von einem muslimischen Lotsen geführt. Handelsprivilegien mußten mit dem muslimischen

Mughal-Gericht ausgehandelt werden. Melaka, die malaysische Stadt, die Tomas Pires als ein reiches Füllhorn bezeichnet hatte, war der größte Zollhafen der Welt und Sitz eines muslimischen Sultanats. Und auf den Molukken, den Gewürzinseln schlechthin, gerieten die Möchtegernkaufleute in einen Konflikt zwischen den Sultanaten Ternate und Tidor. Die Konfrontation mit diesem neuen Orient veränderte die europäische Selbstwahrnehmung und legte den Grundstein für einen Orientalismus, der in vielerlei Hinsicht heute noch gültig ist.

Renaissance, Forscherdrang und Reformation wirkten zusammen, um eine neuerliche Auseinandersetzung mit dem Orient in Gang zu setzen. Die neuentdeckten Länder und ihre Völker warfen verwirrende Fragen auf: Wo lag der Ursprung des Menschen? Was war die menschliche Natur? Gab es so etwas wie ein Naturrecht? All diese Fragen mußten nach der Reformation neu beantwortet werden, das gesamte Denkgebäude des Westens geriet ins Wanken, angefangen von der Frage nach dem Sinn des Lebens bis hin zu der nach Ursprung der Welt. Um dieser Herausforderung zu begegnen, besannen sich die Europäer auf ihre Wurzeln: auf die Bibel und die griechische und römische Antike. Und weil man die neuen Erkenntnisse testen mußte, benutzte man den Orient als »Versuchslabor«. Dieser Begriff stammt von Ernest Gellner und bezeichnet die Einstellung eines Anthropologen gegenüber seinem Forschungsgegenstand. Er ist aber auch anderweitig anwendbar, zum Beispiel auf den Orientalismus zwischen dem sechzehnten und achtzehnten Jahrhundert, als der Westen sein Weltbild reformulierte. Es dauerte nicht lange, da behaupteten beide Seiten, reformierte wie gegen-reformierte Europäer, sie hätten einen Fortschritt erzielt, der nicht nur weit über die Errungenschaften der Antike hinausgehe, sondern auch alle großen Zivilisationen des Ostens – Islam, Indien und China – in den Schatten stelle. Der mittelalterliche Orientalismus erlebte eine Renaissance, weil die alten Ängste wieder aufbrachen, und daher bediente man sich überkommener Denkmuster, um diesen Wandel der westlichen Selbstwahrnehmung voranzutreiben. Im gleichen Atemzug nutzte man die Situation aus, um aus dem reichen, mächtigen und überlegenen Orient eine ärmliche, lasterhafte und unfähige Kultur zu machen, die der eigenen weit unterlegen war. Dieser Wandlungsprozeß erstreckte sich über viele Jahrhunderte, in denen der Westen mit seinen eigenen Problemen beschäftigt war, Jahrhunderte, in denen das Denkgebäude der Moderne errichtet wurde: auf Kosten des Nicht-Westens.

Die Erforschung des Mittleren Ostens, des mittelalterlichen Orient, gewann wieder an Bedeutung. Man studierte nun die arabische Sprache, um sich das Althebräische zu erschließen. Ziel war es, die Bibel aus dem Original und nicht aus dem Vulgärlatein zu übersetzen. Selbst die Lebensweisen und Gewohnheiten des zeitgenössischen Orient hielt man nun für wichtig, um das Leben in biblischen Zeiten besser zu verstehen. Sir John Chardin, ein französischer Protestant, der sich nach langen Wanderjahren durch den Mittleren Osten in England niedergelassen hatte, erklärte, er habe »den festen Vorsatz, Notizen zu den Passagen der Heiligen Schrift zu verfassen, für die das Wissen über die Gebräuche östlicher Länder wesentlich« sei.[16] Erzbischof Laud, einer der wichtigsten Figuren der englischen Reformation, richtete einen Arabischlehrstuhl in Oxford ein und legte eine wichtige Sammlung arabischer Schriften an, die schließlich in die Bodleian Bibliothek einging. Außerdem sprach er Edward Pococke, dem ersten Arabischprofessor in Oxford, nachdrücklich seine Bewunderung aus. In Cambridge wurde der erste Arabischlehrstuhl im Jahr 1632 eingerichtet, sein erster Inhaber war William Bedwell. Der *Head of Houses von Cambridge* legte seine Verpflichtungen fest: 1. »die Beförderung guter Literatur durch Aufdeckung des Wissens, welches in dieser gelehrten Sprache gefangen ist« 2. »König und Staat durch Handel zu dienen« 3. »die Grenzen der Kirchen auszudehnen und den christlichen Glauben denen zu verkünden, die noch in Dunkelheit leben.«[17] Bedwell, der Vater der

Arabistik in England, besaß gute Arabischkenntnisse und Zugang zu den wichtigsten Quellen. Aber was nützte das, wenn Haß seine Triebkraft war? Alastair Hamilton, Bedwells Biograf, schreibt:

> Bedwell hetzte bei jeder Gelegenheit, selbst in seinem Wörterbuch, gegen den Islam und legte dabei einen unglaublichen Feuereifer an den Tag. Schon die Titel sprechen Bände: »Mohammedis Imposturae« in der ersten Auflage, »Die Demaskierung Mohammeds« in der zweiten, beide Male mit dem Untertitel »Die Aufdeckung der mannigfachen Fälschungen, Täuschungen und Gottlosigkeiten des lästerlichen Verführers Mohammed und dem Beweis für die Mangelhaftigkeit seines Gesetzes, dem Koran, der verflucht sei.«[18]

Nach der Reformation spielte die Religion für Europas Selbstbild ein wichtigere Rolle denn je. Humphrey Prideaux, der Dekan von Norwich, schrieb 1697, die Muslime seien Teil von Gottes unergründlichem Willen: eine Strafe für die Sünden der Christen.[19] Dies sei auch der Grund, warum die großen islamischen Reiche, Türkei, Persien und Mughal-Indien, immer noch existierten: »eine Plage für uns Christen, die wir durch die Gnade Gottes in Jesus Christus, unserem Herrn, eine so heilige und ausgezeichnete Religion empfangen haben und doch ein Leben führen, das ihrer nicht würdig ist.«[20] Für Prideaux war Mohammed ein »Barbar und Analphabet«.[21] Gleiches gilt für Papst Urban, und auch Prideauxs Zeitgenosse Peter Heylyn betrachtete den Koran als »ein Ding voller Tautologien, Inkohärenzen und Absurditäten in einer so unreinen, profanen Mixtur, daß aller natürlichen Vernunft verlustig geht, wer sich darauf einläßt.«[22] Wie es sich für einen so bedeutenden Schriftsteller wie Heylyn gehört, ist er das Bindeglied zwischen den Ansichten des Mittelalters beziehungsweise der Aufklärung und den Studenten der Naturphilosophie im neunzehnten Jahrhundert.

Das Überlegenheitsgefühl der Christen, die Vorstellung, von Gott auserwählt zu sein, und die Verachtung für den Islam hatte es schon immer gegeben. Neu aber war der Glaube, auf sozialem und wissenschaftlichem Gebiet Fortschritte erzielt zu haben. Um dieses Lügengewebe zu spinnen, benutzte man das Osmanische Reich. Im Mittelalter war jedermann in Europa klar, daß die muslimische Zivilisation auf intellektuellem Gebiet überlegen war. Dies galt aber nicht für die Osmanen. Man nannte sie auch die Tartaren, weil sie von den Skythen abstammten, einem Volk, das schon in der Antike als lasterhaft und barbarisch galt. In einem Brief an John Locke zieht Robert Huntingdon folgendes Resümee: »Das Land befindet sich in einer elendigen Verfassung. Es hat seinen guten Ruf verspielt, hat den ganzen Kredit aufgebraucht, den es ob seiner östlichen Weisheit und Gelehrtheit einstmals genoß. Diese ist dem Lauf der Sonne gefolgt und westwärts gezogen.«[23] Von da an wurde dieses Urteil wie ein Mantra wiederholt, von Vico über Herder bis hin zu Hegel. Der Aufstieg Europas und des Westen wurde immer als ein Sieg über den Osten betrachtet. Die Türken waren furchtbare Banausen: »Geistig minderbemittelte Menschen, deren einzige Freude die Sinnlichkeit ist, die wir mit den Tieren gemeinsam haben«, wie Henry Maundell schreibt.[24] »Sie tragen nichts zum Fortschritt der Wissenschaften bei, es genügt ihnen, wenn sie lesen und schreiben können«, meinte André de t.[25] Aus arabischer Astronomie war türkische Astrologie geworden. »Von anderen Wissenschaften wie Logik, Physik und Metaphysik haben sie keinen Begriff«, schrieb Sir Paul Rycaut, der englische Konsul in der Levante.[26] Das Klischeebild vom orientalischen Despoten bezog sich auf die türkische Gesellschaft. Für Sir William Temple war das Osmanische Reich »das erbarmungsloseste der Welt«.[27] Der Sultan sei ein absolutistischer Herrscher, seine Minister seien eher Sklaven als adlige Repräsentanten. Ernannt würden sie aus einer Laune heraus, und wenn sie nicht gehorchten, riskierten sie ihr Leben. Die Armee sei ein einziges Sklavenregiment. Quer durch alle

Ränge erzwinge man mit Grausamkeit und Terror absoluten Gehorsam. Niemand könne sich je sicher fühlen. Das Ergebnis seien Armut und Verzweiflung: eine Bevölkerung, die ständig von der Regierung ausgeplündert werde und daher keinerlei Anreiz sehe, mehr als das für die eigenen Bedürfnisse Nötige zu produzieren. Der Teil des Orient, der Europa am nächsten lag, der Orient, den Europa am meisten fürchtete, prägte das Gesamtbild, unter dem dann alle anderen Länder zu leiden hatten.

Das Osmanische Reich wurde zur Schablone für den ganzen Orient. François Bernier, Arzt am indischen Mughalhof, schwang sich zum Experten auf und kam nach einem Vergleich mit Persien zu dem Urteil, daß »die Könige von Asien, angetrieben von einem blinden, bösartigen Ehrgeiz, absoluter herrschen, als es die Gesetze Gottes und der Natur erlauben, daß sie sich alles einverleiben, nur um am Ende alles zu verlieren.«[28] Unter der Mughalherrschaft sei aus Indien, einem fruchtbaren Land mit einer ausgeglichenen Handelsbilanz, ein Armenhaus geworden, in der die Landwirtschaft darniederliege. Weitere Aspekte, die sich aus einem Vergleich mit dem Osmanentum ergaben, war der Hang zu Sinnlichkeit und weibischem Verhalten und die harsche Behandlung von Nicht-Muslimen. Daß diese Ansichten aus der Zeit stammen, die man die Aufklärung nennt, entbehrt nicht einer gewissen Ironie. Das Wissen in Europa hatte seit dem Mittelalter kaum zugenommen. Selbst Geistesgrößen wie Isaac Newton interessierten sich hauptsächlich für Alchimie und die Bibel. Und der Vorwurf, die Osmanen behandelten die Christen schlecht, ist ein klarer Fall von Projektion: ein Blick auf die Schrecken der Reformationskriege und die Art und Weise, wie Nicht-Christen in Amerika behandelt wurden, macht dies mehr als deutlich. Betrachtet man die Geschichte des Orientalismus, fällt eine eigenartige Schizophrenie auf. Der Orient dient dem Westen als Projektionsfläche, um über die eigenen Gesellschaft zu reflektieren, ohne sie in Frage stellen zu müssen. Sir John Chardin, der den Orient studierte, um die Heilige Schrift besser zu verstehen, vertrat die Ansicht, es bringe »keinerlei Nutzen, das indische Volk als solches zu erforschen.« Der Nutzen bestand allein darin, das eigene Ego zu stärken, ohne den Haß auf die orientalischen Völker auch nur im Ansatz zu hinterfragen. Das antike Erbe des Ostens durfte man bewundern, wenn es dazu diente, die existenziellen Fragen des Westens zu beantworten, während man die aktuellen Bewohner des Orients ruhig als Barbaren beschimpfen durfte. Einzelne positive Einschätzungen des Orients muß man im Gesamtkontext sehen, denn sie waren immer eine Randerscheinung. Häufig war die Bewunderung auch nur scheinbar, denn die Verurteilung folgte auf dem Fuße. Thevenot beispielsweise schrieb: »Viele Christen halten die Türken für Teufel, Barbaren, für unehrenhafte, gottlose Menschen, aber diejenigen, die Umgang mit ihnen hatten und sie kennen, sind anderer Meinung... Sie sind fromm und gütig; sie glauben inbrünstig an ihre Religion.«[29] Dieser fanatische Glaube an den falschen Gott war und blieb aber das hauptsächliche Manko und trug maßgeblich zum Klischeebild des Orientalen bei. Was nicht in dieses Bild paßte, erklärte man zur Ausnahme und benutzte die positive Seite, um auf das Verbesserungswürdige der eigenen Gesellschaft hinzuweisen. Ein Beispiel hierfür ist das Gespräch zwischen Sir Thomas Baines und Van Effendi, seinem Türkischlehrer. Dort heißt es:

> Er glaube, daß ein Muselmane, wenn er nach seinen eignen Gesetzen lebe, gerettet werden könne. Er werde ... keinem Muselmanen auch nur ein Haar krümmen, nur weil er einer anderen Religion angehöre, er wolle ihn vielmehr ehren und ihm helfen, wo immer es in seiner Macht stehe. Daraufhin weinte Van Effendi und sagte, er könne kaum glauben, daß ein Christ einem Muselmanen so nahe kommen könne, und dies, obwohl sie doch alle Götzendiener seien.[30]

DAS ZEITALTER DER UNVERNUNFT

Die Herrschaft der Osmanen teilte die Geschichte des Orient in ein Vorher und Nachher und sorgte dafür, daß die Abneigung, die immer schon bestanden hatte, noch größer wurde. Sie bot das Vorbild, nach dem die Europäer den restlichen Orient, Indien und China, beurteilten. Die Weltgeschichte wurde neu geschrieben. Der andere Orient wurde nach rein strategischer und wirtschaftlicher Nützlichkeit beurteilt. Der neue Orient war ein Mittel, die Osmanen auszumanövrieren, er war ein Schlachtfeld, auf dem Europa seine wirtschaftlichen Konflikte ausfocht. Die Haltung gegenüber dem islamischen Orient bestimmte auch die gegenüber Indien und China. Die Mughalen waren schlicht eine andere Variante der Osmanen. Die Hindubevölkerung Indiens hingegen erregte weniger Interesse. Edward Terry betrachtete sie als »dumm und versoffen, ein ungebildetes Volk, das die eigenen Prinzipien verrät und seine Besonderheiten kaum kennt.«[31] Zweifellos aber waren sie ein altes Volk, und so einigte man sich schnell darauf, daß es sich um eben jene Nichtjuden handeln mußte, von denen die Bibel sprach. Die Götter der Hindus wurde mit den Götzen gleichgesetzt, die in der Bibel erwähnt waren, was zur Folge hatte, daß man sie über Jahrhunderte nur unter dem lateinischen Namen »gentiles« kannte.

Kenntnisse über China stammten hauptsächlich von Jesuiten, und die verfolgten ihre eigenen Interessen. Niemand zweifelte Marco Polos Urteil an, daß China ein bevölkerungsreicher Riesenstaat voller Schätze sei. Allerdings war es nicht muslimisch, was etwas heikel war. Dafür bestand die Chance, die Menschen zu bekehren: Man mußte nur herausfinden wie. Die ersten Berichte wie der des portugiesischen Missionars Galeote Pereira waren beängstigend: Seine Mannschaft wurde verhaftet, die einen wurden hingerichtet, die anderen grausam gefoltert und nach Südchina verschleppt. Jesuiten, die auf Goa lebten, hörten davon und nahmen den Vorfall in ihren jährlichen Bericht auf. Dadurch wurde es gedruckt, fand rasch Verbreitung in ganz Europa und prägte nachhaltig das Bild vom kaltherzigen, grausamen Chinesen. Pereira wies auch unermüdlich auf etwas hin, das schon Marco Polo behauptet hatte: Sodomie sei in China »ein weit verbreitetes Laster und selbst den Edelsten nicht fremd.«[32] Die Hauptquelle jedoch, die Europas Vorstellung von China speiste, war der Jesuit Matteo Ricci, der im Jahr 1583 die erste Missionssiedlung in China gründete. Die englische Übersetzung seiner Tagebücher wurde 1616 veröffentlicht. Riccis Ziel war es, möglichst viele Chinesen zu bekehren, wofür er zunächst einmal die chinesische Kultur verstehen mußte. Er zeichnete ein korrektes und grundsätzlich wohlwollendes Bild des konfuzianischen Kaisers. Im Gegensatz zu den launischen Muslimherrschern stelle der chinesische Kaiser das Wohl seines Volkes an oberste Stelle und sei offen für Rat und Kritik. Außerdem sei es ihm gelungen, die Regierungsart in China zu vereinheitlichen. Er habe Hierarchien geschaffen, an deren oberster Stelle die Mandarine stünden, die nach öffentlicher Begutachtung auf Grund ihrer Gelehrsamkeit benannt würden. China werde regiert wie eine große Familie. Über Konfuzius schrieb Ricci: »Wenn wir seine Taten und Lehrsätze, soweit sie überliefert sind, kritisch betrachten, können wir nicht umhin zuzugeben, daß er den heidnischen Philosophen ebenbürtig, wenn nicht gar überlegen war.«[33] Der Konfuzianismus sei in erster Linie ein moralisches Regelwerk und weniger eine Religion. Das größte Hindernis für die Mission stelle der Buddhismus dar, den Ricci als primitiven Aberglauben abtat, der von ungebildeten, oft unmoralischen Priestern genährt werde; dem habe der tief verwurzelte Glaube an Astrologie der wissenschaftlichen Astronomie den Rang abgelaufen. Um die Chinesen zu bekehren, setzten die Jesuiten auf eine abgewandelten Form des Katholizismus, der später unter dem Namen »chinesischer Ritus« bekannt wurde. Es handelte sich dabei um eine Variante des Malabarritus, der in Goa, dem Hauptstützpunkt der Portugiesen in Indien, besonders verbreitet war. Heirat unter Kindern war nach diesem Ritus erlaubt, Hinduismus und Kastenwesen ebenso. Die Ahnenanbetung in China wurde zur Ehrerbietung an die Verstorbenen erklärt, dabei handelte es sich in Wirklichkeit um eine Totenbeschwörung, von der man sich Vorteile erhoffte. Gleiches galt für chinesische Zeremonien im Namen von Konfuzius. An ihren Zeremonien durften die Chinesen festhalten, auf ihre Konkubinen jedoch mußten sie verzichten, wenn sie zu dem neuen Glauben übertreten wollten. Des Weiteren berichtet Ricci, daß die Homosexualität weit verbreitet sei. Nachdem er sich eingehend mit dem Handwerk und Handel in China beschäftigt hatte, kam er zu dem Schluß, daß die Chinesen deshalb hinter den Westen zurückgefallen seien, weil sie »von logischen Regeln keinen Ahnung« hätten und folglich »die Wissenschaft der Ethik bei ihnen aus einer Ansammlung von verwirrten Maximen und Schlußfolgerungen« bestehe.

Das Chinabild der Jesuiten hielt sich erstaunlich lange, obwohl es darüber immer wieder zu Kontroversen kam. Der Dominikanermönch Domingo Navarette geriet mit den Jesuiten in Streit, kehrte nach Europa zurück und machte in einer zweibändigen Abhandlung mit dem Titel *Tratados e Controversias* seinem Ärger Luft. Er bezeichnete die neuen Mandschu-Führer von China als Tartaren, einem anderen Wort für Barbaren, und zog damit eine weitere Grenzlinie zwischen Vergangenheit und Gegenwart. Seiner Meinung nach bestand der Ideenreichtum der Chinesen und ihre Auffassung von Wissenschaft und Gelehrsamkeit darin, andere zu kopieren, so zum Beispiel die Waren aus Europa: Man produziere sie an der Küste und verkaufe sie dann im Landesinneren als europäische Güter. Obwohl es Gegenbeweise gab, dominierte nach wie vor das wohlwollende Bild der Jesuiten. Besondere Wirkung zeigte es bei Gottfried Wilhelm Leibniz. Geboren 1646, aufgewachsen in den Wirren des Dreißigjährigen Krieges, galt sein Interesse vor allem den Elementen, die einen Ausgleich zwischen den Extremen Religion und Logik herstellten. Im chinesischen

Denken wurde er fündig und ließ sich von dem Hexagramm des *I Ching* anregen, das genau seiner binären Arithmetik entsprach. Er pries die europäischen Wissenschaften – »in diesen Dingen sind wir überlegen« –, sang aber auch das Loblied auf die chinesischen »Grundsätze einer bürgerlichen Gesellschaft«: »Schwer zu beschreiben ist die Schönheit, mit der in China ganz im Gegensatz zu anderen Völkern, die Gesetze darauf zielen, öffentliche Ruhe und soziale Ordnung herzustellen, damit die Menschen in ihrer Beziehung zueinander so wenig wie möglich gestört werden.«[34] Er hielt es durchaus für möglich, daß die »praktische Philosophie« der Chinesen die eigene Gesellschaft retten könnte, weil deren Moralbewußtsein in Form von konfuzianischen und anderen Werten eine Art »Naturreligion« darstelle.

Im Zeitalter der Vernunft war der Westen sehr darum bemüht, die eigenen Vorstellung von wissenschaftlichem Fortschritt zu propagieren und den Sieg in der Schlacht zwischen Moderne und Antike davonzutragen. Die Aufklärung war der Inbegriff des Fortschritts, und um diese These zu stärken erklärte man den Orient kurzerhand als nicht wandlungsfähig. Man brauchte diesen statischen Orient, um das neue Geschichtsverständnis zu begründen. Die Frage nach dem Sinn von Religion war für den Westen wesentlich schwieriger zu lösen. Zur Klärung des Problems griff man auf die Methoden zurück, die man schon im Mittelalter verwendet hatte, um den Islam zu erforschen, und wandte sie auf das Christentum selbst an. Die radikalen Denker der Aufklärung wurden zu Vorbildern für die Moderne schlechthin, und sie waren auch die engagiertesten Mitarbeiter im »Versuchslabor« des Orient. Um Deismus, Naturreligion und ihre Verspottung des orthodoxen christlichen Geschichtsbilds zu verteidigen, nahmen sie den Orient zu Hilfe. In China und bis zu einem gewissen Grad auch im Hinduismus entdeckten sie die Grundzüge einer Naturreligion, die älter war als die Bibel und damit den Anspruch des Christentums in Frage stellte, alleiniges Werkzeug für Gottes Vorsehung zu sein. Laut Voltaire schienen die Religionen in Indien und China nur bizarr, dabei finde sich dort bereits die Vorstellung eines einzigen Gottes, die Trennung von Körper und Geist, die Unsterblichkeit der Seele und eine Morallehre. Damit führte er eine moderne Definition von Religion ein, ohne überhaupt auf die Bibel oder das Christentum Bezug zu nehmen. Diese Vorgehensweise erlaubte es ihm, die Verwirrungstaktik des Klerus zu entlarven. Außerdem schuf er so die Voraussetzungen, um einen grundsätzlichen Wandel nicht nur der Religion, sondern auch der sozialen und politischen Praxis in Europa in die Wege zu leiten. Den Koran hatte man bereits dadurch diskreditiert, daß man ihm mehrere Urheber unterstellt und auf innere Widersprüche, Fehler und Irrtümer hingewiesen hatte. Nun war die Bibel an der Reihe.

Das Alter der chinesischen und indischen Zivilisationen stellte das größte Problem dar. Im achtzehnten Jahrhundert fand man heraus, daß die Ursprünge der indischen Zivilisation bis ins Jahr 4866 v. Chr. zurückreichten. Über den Umweg des Persischen gelangt die Entzifferung der in Sanskrit geschriebenen Texte. Dabei waren auch die begeistertsten Anhänger gegen Fehler nicht gefeit. Nathaniel Brassey behauptete zum Beispiel, der Hinduismus kenne im Gegensatz zu allen anderen Religionen des Mittleren Ostens keine Sintflut. Tatsächlich lassen sich in den *Puranas* klare Hinweise dafür finden. Im Hinduismus wird die Zeit in vier Epochen oder *yugas* unterteilt, woraus sich ableiten läßt, daß die Erde etwa acht Millionen Jahre alt ist – ein Fortschritt gegenüber Erzbischof Usher, der die Schöpfung auf das Jahr 4086 v. Chr. datierte. Du Halde, die maßgeblichste Autorität unter den Jesuiten, gab das Alter der chinesischen Zivilisation mit 4000 Jahren an und attestierte ihr einen hohen Entwicklungsstand, da sie bereits im Jahr 2155 v. Chr. eine Sonnenfinsternis verzeichnet habe. Immerhin wurde dadurch die orthodoxe Behauptung in Frage gestellt, die auch noch Isaac Newton vertreten hatte, daß nämlich die Juden das älteste Volk der Erde seien. Bis dahin hatten

Apologeten des orthodoxen Glaubens behauptet, daß alle Völker der Rede ihren Ursprung im Mittleren Osten hätten und erst nach der Zerstörung des Turms von Babel in alle Welt zerstreut worden seien, daß dadurch auch die Ähnlichkeiten, die sich in Mythen und religiösen Vorstellungen fänden, zu erklären seien, mit anderen Worten: daß das Judentum die Urmutter aller Religionen sei und den chinesischen und hinduistischen Religionen vorausgehe. Nun stellte sich plötzlich das Problem, daß die Zerstörung des Turms von Babel nach der Sintflut stattgefunden hatte, und zwar circa 2250 v. Chr. Außerdem wurde die Niederschrift des *Pentateuch* auf circa 1600 v. Chr. datiert. Plötzlich gab es also Kulturen, die wesentlich älter waren und daher gar nicht in der Bibel erwähnt sein konnten. Sir William Jones, der Begründer der *Bengal Asiatic Society*, löste das Chronologieproblem auf elegante Weise, indem er die Zahlen so manipulierte, daß sie sich mit dem orthodoxen Glauben vereinbaren ließen. Er war es auch, der die große Ähnlichkeiten zwischen dem Sanskrit und dem Griechischen beziehungsweise dem Lateinischen entdeckte. Damit war die Idee der indo-europäischen Sprache geboren, die Vorstellung eines gemeinsamen Ursprungs, der weit in die Vergangenheit zurückreicht und sich nicht nur in der Sprache, sondern auch in den Mythen wiederspiegelt. Und da Sir William als Ursprungsregion dieser einstmals gemeinsamen Sprache den Mittleren Osten ausgemacht zu haben glaubte, konnte er zufrieden darauf verweisen, daß er mit der Genesis übereinstimmte.

Für *Philosophen* und andere intellektuell Ambitionierte war der Orient eine Schatztruhe von Ideen, mit denen man europäisches Denken modellieren konnte. Die Unsitte, den Orient als Szenerie zu benutzen, um Europa zu kritisieren oder gar lächerlich zu machen, erlebte im achtzehnten Jahrhundert ihren Höhepunkt. Daniel Defoe, dessen *Robinson Crusoe* meist als Tatsachenbericht gelesen wurde, beschimpfte China ganz offen; andere Autoren aber zeichneten zunächst ein schmeichelhaftes Bild, um dann die Peitsche auszupacken und ihre Lieblingsideen vorzutragen. Oliver Goldsmith wurde berühmt durch seinen Briefroman *Der Weltbürger*, in dem ein chinesischer Gelehrter und sein Sohn einander schreiben. Addison, Steele, Johnson und Walpole benutzten sämtlich orientalische Schauplätze für ihre polemischen Schriften. In England wurde die politische Debatte geführt, indem man Satiren schrieb, die häufig im Harem unter Eunuchen spielten. Welche Politiker jeweils gemeint waren, wurde in einem mitgelieferten Beiheft erklärt. Allerdings konnte die Satire nur deshalb funktionieren, weil man selbstverständlich voraussetzte, daß es an einem orientalischen Herrscherhof korrupt zuging. Auch Montesquieu benutzte in seinen *Persischen Briefen* dieses Vorurteil. Voltaire läßt in seinem *Candide* den grundsätzlich optimistischen Dr. Pangloss auftreten und macht sich auf diese Weise über Leibniz lustig. Voltaire war ein glühender Verehrer Chinas, wie sich in seinem 1755 aufgeführten Stück *Orphelin de la Chine* zeigt. Es handelt sich dabei um eine Bearbeitung der chinesischen Geschichte *Die Waise aus dem Hause Zhao*, wobei Voltaire seine Fassung für die weit bessere hielt. Er benutzte das Stück, um zu zeigen, wie aus dem Mongolen Dschingis Khan durch Chinas konfuzianische Werte ein zivilisierter Mensch wird: »Ich war ein Eroberer, nun bin ich ein König.« Wenig später entdeckte Voltaire seine Begeisterung für den Hinduismus. 1760 las er ein Manuskript mit dem Titel »Ezour Vedam«, von dem man heute weiß, daß es sich um eine »ausgezeichnete« Fälschung von Voltaires Erzfeinden, den Jesuiten, handelte. Jedenfalls erklärt Voltaire nach seiner Lektüre die Hindus zum ältesten Volk der Welt. Sie hätten den Chinesen den Monotheismus, die Trennung von Körper und Geist und die Unsterblichkeit der Seele gelehrt.

Eines ist jedenfalls deutlich erkennbar: Man brauchte den statischen Orient, um die eigene Geschichte als Fortschrittsgeschichte erzählen zu können. Doch zeigt dies nur, daß man immer noch einem mittelalterlichen Verständnis von Zeit als permanenter Gegenwart verhaftet war, oder anders ausgedrückt: Man war unfähig, Zeit als Veränderungsprozeß wahrzunehmen. Nur dadurch ist es erklärlich, daß Reisende vor Kolumbus sich mittelalterlicher Geschichten über ferne Ländern bedienten, als hätte sich seither nichts verändert. Man behauptete einfach, daß der Orient sich nicht wandle, und distanzierte sich von ihm im Glauben an die eigene Einzigartigkeit. Es war allein dem Westen vorbehalten, die Grundlagen der Existenz neu zu definieren, dem Orient sprach man diese Fähigkeit grundsätzlich ab.

Die Frage nach dem Ursprung der Welt, nach dem Beginn der Geschichte, brachte die Philosophen der schottischen und französischen Aufklärung dazu, großartige Denksysteme zu errichten. Diese Systeme basierten für gewöhnlich auf der Vorstellung, es gebe einen Schlüssel, mit dem man sich alle anderen Phänomene erschließen könne. Der Schlüssel zur Geschichte war die Typologie, unter der man einen Ablauf von Stadien verstand, die eine Entwicklungsleiter bildeten. Letztlich war das Licht der Aufklärung nichts anderes als die alte Flamme, die von ihrer alten Heimstatt, den gelehrten Zentren des Orient, westwärts getragen worden war (wobei es gleichgültig war, welchen Orient man jeweils meinte). Als die Flamme im Osten erloschen war, trat erst Stagnation ein, dann Degeneration. Eine entscheidende Rolle spielte dabei Montesquieus *Vom Geist der Gesetze* aus dem Jahr 1748. Seiner Theorie nach läßt sich die Menschheitsgeschichte auf drei Regierungsformen reduzieren: Monarchie, Despotie und Republik; jede dieser Regierungsformen beruht auf einem Grundprinzip: Ehre, Angst beziehungsweise Tugend. Daher führte die Monarchie, die auf dem Ehrprinzip beruht, zum Aufbau von Hierarchie; und die Despotie, die auf dem Angstprinzip beruht, brachte einen Alleinherrscher hervor, der Sklave seiner Triebe war; die Republik, die auf dem Tugendprinzip beruhte, führte in kleinen Schritten zu immer mehr Gleichberechtigung. Diese Typologie wurde in Europa zum Maßstab der politischen Entwicklung. Sie brachte eine Sprache und Begrifflichkeit hervor, die Voraussetzung war für die Sozialkategorien des neunzehnten Jahrhunderts: für Sitten, Manieren und Gesetze. Neben dieser Typologie griff man auf Erklärungsmuster wie Klima, Familie, Religion und Geschichte zurück, um die Charakterbildung zu erklären: Und schon haben wir die Milieuthese der Sozialwissenschaften des neunzehnten Jahrhunderts. In einem Punkt jedenfalls war man sich einig: In Asien gab es starke und schwache Nationen, also gab es auch Eroberer und Eroberte; nicht so in Europa, wo in allen Nationen der Mut zu den zentralen Tugenden zählte. Dadurch wachse »in Europa die Freiheit und in Asien die Knechtschaft; und ich glaube, daß dies noch niemand erkannt hat. Und hierin liegt auch der Grund, warum die Freiheit in Asien nie zunimmt, während sie in Europa je nach den Umständen zu- oder abnimmt.«[35]

Voltaires *Essai sur les mœurs et l'esprit des nations* aus dem Jahr 1753 ist ein gutes Beispiel für dieses Vorurteil. China stagniere, »während wir erst langsam waren bei unseren Entdeckungen, dann aber schnell aufholten und alles perfektionierten.«[36] Auch Adam Ferguson folgte in seinem *Essay on the History of Civil Society* aus dem Jahr 1767 einer Drei-Phasen-Theorie, wobei er die Begriffe Wildheit, Barbarei und Zivilisation verwendete. Asien ordnete er der Despotie zu mit dem Argument, das Osmanische Reich sei in Asien das große Vorbild.[37] Die Menschen des achtzehnten Jahrhunderts waren anfangs begeistert von Chinoiserien, was in chinesischen Gärten und Dekorationen, im Teetrinken und vielem anderen seinen Ausdruck fand. »Wenn für die Engländer des achtzehnten Jahrhunderts China ein Weidenmotiv war, auf dem skurrile Figuren kleine Brücken überqueren, dann nahmen sie das Ergebnis ihrer eigenen Fantasie wahr.«[38] Denn das Weidenmotiv war speziell für chinesisches Porzellan entworfen worden, das nach Europa exportiert wurde. Jedenfalls führt die Arbeit im »Versuchslabor« am Ende des Jahrhunderts zu einem tief greifenden Wandel. In Johann Gottfried von Herders Worten: »das alte China am Rande der

Welt ist wie ein Trümmer der Vorzeit«; ist »eine balsamierte Mumie, mit Hieroglyphen bemalt und mit Seide umwunden«; wird regiert von »unabänderlich-kindischen Institutionen.«[39] Marshall und Williams bringen es auf den Punkt:

> Würde man behaupten, daß sich Interpretationen nur dadurch ändern, daß sich neue Erkenntnisse einstellen, wäre dies reichlich naiv. Denn im Falle Chinas scheint das Gegenteil zuzutreffen, zumindest was Großbritannien anlangt. Dort hatte man wenig neue Erkenntnisse über China gewonnen, und doch änderte sich die Interpretation radikal ... Würde man behaupten, Europa habe im achtzehnten Jahrhunderts ein Asienbild entwickelt, das vor allem die eigenen Probleme wiederspiegelte, und sei nicht sonderlich daran interessiert gewesen, sein Urteil über Asien durch neue Erkenntnisse in Frage zu stellen, wäre dies nur eine leichte Übertreibung.«[40]

Auch das Indienbild wurde revidiert. Schon frühere Indienreisende hatten von den Hindumassen ein wenig schmeichelhaftes Bild gezeichnet, aber Holwell ging noch einen Schritt weiter und behauptete, er könne aus eigener Erfahrung berichten, die Hindus seien ein »degeneriertes, hinterhältiges, abergläubisches, niederträchtiges Volk, wie es die Welt noch nie gesehen hat.«[41] Immerhin befand er die Lehren des Shastah über die Ursprünge des moralisch Bösen für »vernünftig und erhaben«, und die wenigen Brahmanen, die ihr Leben nach dieser Lehre ausrichteten, waren für ihn die »reinsten Beispiele echter Frömmigkeit, die man heutzutage finden kann auf dieser Welt«, eine Ansicht, die auch der Abbé Reynal teilte: »Neben absurdem Aberglauben, kindischen und maßlosen Gebräuchen, seltsamen Zeremonien und Vorurteilen stoßen wir gelegentlich auch auf Spuren erhabener Moral, tiefgründiger Philosophie und hoch entwickelter Politik.«[42] Die ersten englischen Forscher auf dem Gebiet des »philosophischen« Hinduismus, den sie streng vom »populären« Hinduismus trennten, der einer näheren Betrachtung nicht wert sei, waren alles Christen einer unitarischen oder abweichenden Ausrichtung. Sie interpretierten den Hinduismus als eine Art undogmatischen Protestantismus. Charles Wilkins, der Übersetzer von *Bhagavad Gita*, hielt die Brahmanen sogar für Unitarier. Marshall schreibt: »In ihren Arbeiten spiegeln sich stark die europäischen Kontroversen wieder. Die Europäer schufen sich einen Hinduismus nach ihrem eigenen Bilde. Spätere Generationen, die sich für Mystik interessierten, konnten daher die Hindus als Mystiker darstellen.«[43]

Ein Jahrhundert intellektueller Bemühungen hatte dazu geführt, daß man mit erneuertem Selbstbewußtsein zu beurteilen können glaubte, wie die indische Gesellschaft aufgebaut war. Und so bestimmte das britische Parlament Indiens Politik, ohne die wirklichen Verhältnisse zu kennen. Edmund Burke konnte 1781 in einem Ausschuß das Wort ergreifen und das Parlament auffordern, den Frieden in Bengalen dadurch wiederherzustellen, daß man den Indern »Gesetze gibt, die dem Naturell und den Gebräuchen der Leute entsprechen«; und mit der Hilfe von Sir William Jones, der noch nie einen Fuß auf indischen Boden gesetzt hatte, sah er sich durchaus in der Lage, einen Gesetzentwurf zu verfassen, der die Inder beschützte und ihnen »sämtliche althergebrachten Gesetze und Gebräuche, Rechte und Privilegien zusichert.«[44] Als es tatsächlich zu der Landreform kam, hatten die »althergebrachten Gesetze und Gebräuche« wenig mit Indien, dafür um so mehr mit seinem Heimatland Irland zu tun. Der Kreis hatte sich geschlossen, die Wirklichkeit des Orient war vollkommen irrelevant. Alles, was man wissen mußte, stand in den Bücherregalen europäischer Bibliotheken. Und so war es möglich, daß sich die Männer, die Indien regierten, noch im neunzehnten Jahrhundert stark von vorgefaßten Meinungen leiten ließen, denen sie in Berichten, die sie auf Anfrage nach Hause schickten, offen Ausdruck verliehen. Darin rechtfertigten sie ihre Politik häufig mit grob entstellenden Einschätzungen der indischen Gesellschaft. Diese Einschätzungen fußten eher auf der

Literatur über Indien, die Forscher und Reisende im Laufe des 18. Jahrhunderts angehäuft hatten, als auf Beobachtungen der aktuellen Situation.[45]

Marshall und Williams führten zwei typische Klischees an: den Orient als Kontinent »bizarrer Religionen mit fanatischen Anhängern«, und als das Land, in dem »die Menschen sich kaum verändern.«[46]. Beide Einschätzungen bezogen sich ursprünglich auf die muslimische Kultur und wurden dann auf ganz Asien übertragen. Dabei erklärt das eine Klischee das andere, denn schließlich war es angeblich die Religion, die jegliche Veränderung im Orient verhinderte. Die Behauptung, daß der ganze asiatische Kontinent von Statik geprägt sei, hatte vierhundert Jahre zuvor bereits John Mandeville aufgestellt:

> Der reiche Mann, davon ich euch vorher sagte, führt das gleiche Leben, das schon seine Vorfahren lebten und das seine Nachkommen allzeit führen werden. Er verrichtet keine Waffentaten, sondern lebt stets in Trägheit als ein Schwein, das in seinem Stall gefüttert wird, damit es fett werde.[47]

Es war zwar neues Wissen hinzugekommen, doch das grundsätzliche Urteil hatte sich nicht verändert. Als der rationale Ansatz der Aufklärung dem bluttriefenden Horror der französischen Revolution wich, reagierte das westliche Selbst auf diese Desillusionierung mit der Romantik, der emphatischen Sehnsucht nach der Schlichtheit der Antike; eine Sehnsucht, die noch zunahm, als die Industrialisierung das Gesicht der Erde veränderte. Dies verschaffte dem Interesse am unveränderlichen Orient neuen Auftrieb. Gleichzeitig fand eine religiöse Erneuerung statt, ein großes evangelisches Erwachen. Das neunzehnte Jahrhundert war ein missionarisches Jahrhundert. Die Aufnahme Indiens und Chinas in den Klub der statischen, dekadenten und despotischen Länder unter dem Oberbegriff islamischer Orient bot dem missionarischen Eifer ein neues Betätigungsfeld. Die Betonung der Dekadenz wurde zur Rechtfertigung für den karitativen Impetus der viktorianischen Zeit. Die militante Bekehrung durch Columban in der ersten Welle christlicher Expansion war getragen gewesen von dem Wunsch, neue Mitstreiter im Kampf gegen Europas Feind, den Islam, zu gewinnen. Der zunehmende Kontakt mit dem Orient und die veränderte Eigenwahrnehmung des westlichen Selbst gaben dem missionarischen Eifer eine neue Wendung: Man offerierte den tyrannisierten Völkern des Orients den Balsam des fortschrittlichen Geistes, dessen alleiniger Träger man zu sein glaubte. Wenn im neunzehnten Jahrhundert die Bevölkerung etwas über den Orient erfuhr, dann aus Missionsbriefen, Missionsmagazinen und Missionstraktaten, in denen man um finanzielle Unterstützung für die gute Sache warb. Im achtzehnten Jahrhundert hatte die *East India Company* darauf verzichtet, Missionare nach Indien zu schicken. Im neunzehnten Jahrhundert hingegen brachen Männer nach Indien auf, die voll evangelischen Eifers waren. Mit ihren Berichten in die Heimat sorgten sie dafür, daß sich die Politik veränderte. Charles Grant faßte diesen Politikwandel bündig zusammen: »Tatsächlich ist das Volk dort durch und durch korrupt, die Leute sind so verdorben, wie sie blind sind, und so jämmerlich, wie sie verdorben sind.«[48]

DER ORIENT UND DIE LEINWAND

Die muslimische Zivilisation brachte ein Werk hervor, das das Bild des Orient entscheidend mitbestimmte. 1704 veröffentlichte Antoine Galland den ersten Band von *Mille et une nuits*, eine Übersetzung persischer und türkischer Märchen. Die englische Ausgabe folgte 1714 unter dem Titel *Arabian Nights*. Die *Geschichten aus Tausendundeiner Nacht* zog Menschen in ganz Europa in Bann. Die Märchensammlung nährte die Vorstellungen vom exotischen Orient deshalb so gut, weil sie hervorragend zu dem Orientbild der Reisenden und Gelehrten paßten. Die Publikation rief ganze Scharen von Nachahmern auf den Plan. Anfang des neunzehnten Jahrhunderts war dieser Fantasieorient bereits selbstverständlicher Bestandteile im Programm von Pantomimen: *Ali Baba, Sindbad, Aladin und die Wunderlampe* erlebten ihre Uraufführung bereits 1788. Charles Dibdin ging mit Stücken wie *Whang Fong* oder *The Chinese Clown* auf die Bühne. Aber der Westen vereinnahmte den Orient nicht nur für pantomimische Zwecke. Auch Reiseschriftsteller, Romanciers, Dramatiker und Dichter ließen sich vom selbstbewußten Habitus gewisser Gelehrter blenden, die vorgaben, sich im Orient bestens auszukennen, und bedienten sich der kolportierten Konventionen, Schauplätze, ja selbst der Sprache. Autoren wie Beckford, Southey und Moore verschlangen gierig alle Werke von Orientalisten wie Sir William Jones, der zahlreiche arabische und persische Gedichte ins Englische übersetzt hatte. Als das westliche literarische Selbst den Orientalen spielte, bestätigte und bekräftigte es den allgemeinen Konsens über die Natur des Orient. Es war ein Spiegel von *Tausendundeinenacht* mit all seinen Vorstellungen von Sinnlichkeit, Lasterhaftigkeit, Grausamkeit, Fanatismus, Verrat, Despotismus und Barbarei. Die Re-Projektion in der Fiktion trug zur Verbreitung des gelehrten Orientbildes bei, aus dem es ja schließlich seine Informationen und Rechtfertigung bezog. Damit schloß sich erneut eine Endlosschleife, in der der wahre Orient überhaupt keine Rolle spielte. Häufig projizierten Europäer ihre eigene verklemmte Sexualität auf den Orient. William Beckfords orientalische Erzählung *Vathek* zum Beispiel präsentierte einen Helden namens Caliph, einen finsteren, reichen, jungen Mann, der nicht duldete, daß irgendjemand das freie Ausleben seiner Sexualität behinderte. Die Geschichte dieses Caliph ist die Geschichte Beckfords selbst, der mit Louisa, der Frau seines Cousins, ein ehebrecherisches Verhältnis hatte. Diese Geschichte übertrug er einfach auf die Beziehung zwischen Vathek und Nouronihar.

Auch die alten Vorstellungen über den Islam und seinen

Propheten erhielten unter dem Eindruck von *Tausendundeinenacht* neue Nahrung. All die traditionelle Feindseligkeit, einschließlich der Darstellung des Propheten Mohammed als Hochstapler und Zauberer, finden sich zum Beispiel in Thomas Moores Roman *Lalla Rookh* aus dem Jahr 1813 wieder. Moore macht keinen Versuch, zwischen Legende und Geschichte zu unterscheiden. Statt dessen läßt er persische Feueranbeter auftreten und Mohammed verunglimpfen:

> Ein Schwein, das seiner Lust im Himmel frönt
> und seinen Gott zum Kuppler macht.[49]

Keiner hat stärker dazu beigetragen, das Orientbild aus *Tausendundeinenacht* zu zementieren, als Richard Burton. Wie so viele europäische Reisende und Abenteurer suchte er in der muslimischen Welt die Erfüllung seiner unterdrückten Sexualität und arbeitete als Spion für die britische Regierung. Er projizierte jegliche Art von sexueller Perversion auf den Orient. Orientalische Frauen stellte er als Sexualobjekte dar, die eine Unzahl an Praktiken zu bieten hatten und daher unendlich verachtenswert waren:

> Eine Besonderheit, die von den Ägyptern hoch geschätzt wird: der Gebrauch des vaginalen Schließmuskels, für den vor allem die abessinischen Frauen berühmt sind. Die ›Kabbazah‹ (Trägerin), wie sie genannt wird, kann im Reitersitz auf einem Mann Platz nehmen und den venerischen Orgasmus hervorrufen, nicht indem sie sich windet und bewegt, sondern dadurch, daß sie mit ihren Scheidenmuskeln das männliche Glied abwechselnd preßt und losläßt, man könnte auch von melken sprechen.[50]

Was man zu Hause im viktorianischen England nicht bekam, verkündete Burton seinen Zeitgenossen, fand man an dem verbotenen Ort, den man den Orient nannte. Burton genoß einen ausgezeichneten Ruf, er hatte an der Suche nach der Quelle des Nils teilgenommen, hatte Mekka und Medina besucht und sich als Angestellter der *East India Company* verdient gemacht. Der Erfolg seiner Übersetzung von *Tausendundeinenacht* aber lehrte ihn, was die Leserschaft wirklich interessierte. Den größten finanziellen Erfolg in seiner bereits weit fortgeschrittenen Karriere erlebte er mit seinen Übersetzungen (und Fußnoten): *Kama Sutra* und The *Perfumed Garden*.

Unterdessen setzten Reiseschriftsteller eine alte Tradition fort und zementierten das Orientbild, das schon Paulus Alvarus gezeichnet hatte. Die Kette ist lückenlos und reicht von den *Chansons de geste* und Humphrey Prideaux über die Werke des Orientalismus bis hin zu *Tausendundeinenacht*. Für Chateaubriand waren Fanatismus, Barbarei, Grausamkeit, Despotismus, Unterwürfigkeit, Gewaltsamkeit und Gottlosigkeit integrale Bestandteile der muslimischen Nationen, »in denen das Schwert regiert« und deren Geschichte die Zivilisation negiert. Hichem Djait schreibt:

> Eine manichäischere Haltung als die, die Chateaubriand auf seiner Reise von Paris nach Jerusalem an den Tag legte, läßt sich kaum denken; er beschwor all die Leidenschaft des Mittelalters herauf, bekräftigte sie, indem er ein brutales und exklusives »Wir« beschwor, und damit eine Tradition fortführte, die im Mittelalter seine Wurzeln hat, nach Chateaubriand die größte Epoche in der Geschichte der Menschheit.[51]

In *Modern Egypt* beschreibt E. W. Lane Ägypten als Hort der Magie und des Okkultismus, der Astrologie und der Alchimie, des Haschisch und des Opium, der Schlangenbeschwörer und Jongleure, des Aberglaubens und übernatürlicher und bizarrer Vorfälle, die über alle Vorstellungskraft hinaus gingen. Hinter Fanatismus, Sex und dem Bizarren versteckte sich vor allem eines: unverhohlene Verachtung im Gewand moralischer und religiöser Bigotterie. Doughty empfand für den Islam und die Völker, unter die er sich in *Travels in Arabia Deserta* mischte, nur Verachtung. Erst behauptet er, »die muslimische Religion macht in gewisser Weise Taubheit und Tod zu einem Bestandteil der menschlichen Erfahrung«[52], und dann wetterte er gegen den Propheten des Islam:

> Das anbetungswürdigste Bild in ihren Köpfen ist die Person Mohammeds... [nichts] kann unsere Meinung über die barbarische Ignoranz der Araber ändern, über die verschlagene, mörderische Grausamkeit ihrer religiösen Institutionen; nichts kann unsere Verachtung mildern für ein hysterisches Prophetentum und polygames Dasein – Mohammed, der andere auf seine Seite zog, lebte ein selbstgewisses Leben; und er starb in der Überzeugung, daß seine Lehren erfolgreich waren.[53]

In seiner Einführung zu Doughtys wirrem Gerede schrieb T. E. Lawrence: Doughty »bewegte sich vorurteilslos unter diesen Leuten«; »dieses Buch zeigt die reale Welt«; »Doughty versuchte, so wahrhaftig wie möglich wiederzugeben, was er sah.« Und Lawrence setzte noch eins drauf und präzisierte:

> Semiten sehen nicht nur schwarzweiß aus, sie sind es auch innerlich; schwarzweiß nicht um der Klarheit, sondern um der Kontraste willen. Gedanklich bewegen sie sich in Extremen. Sie leben freiwillig in Superlativen ... Es handelt sich um beschränkte, engstirnige Menschen, deren träger Verstand aus Gleichgültigkeit brachliegt ... Nirgends zeigen sie ein eifriges Streben, nach Ertüchtigung des Geistes oder des Körpers. Sie bringen keine Philosophie oder Mythologie hervor ...[54]

Vorurteile, Rassismus und Bigotterie in Literatur und Reisereportagen wurden weiter genährt durch die Berichte der Kolonialverwalter. Cromer zum Beispiel wies mehrfach darauf hin, daß »der ägyptische Orientale zu den dümmsten ... der Welt gehört ... Dummheit, nicht Gerissenheit ist sein Hauptwesensmerkmal.«[55] Der ägyptische Geist ist »wie der aller orientalischer Rassen notorisch ungenau, geradezu unfähig zu präzisem Denken und Ausdruck.«[56] Der Orientale habe von Natur aus ein unterwürfiges Verhältnis zu Autorität und sei vor allem unfähig, sich selbst zu zügeln. In *Modern Egypt* zählt er in fünf Kapiteln die Merkmale des orientalischen Charakters auf:

> Sir Alfred Lyall sagte einmal zu mir: ›Genauigkeit ist dem orientalischen Geist zuwider. Jeder Anglo-Inder sollte sich dieser Maxime immer bewußt sein.‹ Ein Mangel an Genauigkeit, der sehr leicht zur Unwahrheit verkommen kann, ist in der Tat das Hauptwesensmerkmal des orientalischen Geistes ... Dem Geist des Orientalen ... ist ein Mangel an Symmetrie eigen. Sein Denken ist von großer Schlampigkeit geprägt. Die alten Araber mögen sich die Wissenschaft der Dialektik in etwas höherem Maße angeeignet haben, ihren Nachfahren aber mangelt es vollkommen an logischem Denkvermögen. Häufig sind sie nicht in der Lage, auch nur die offensichtlichste Schlußfolgerung einer einfachen Prämisse zu ziehen, deren Wahrheit sie durchaus anerkennen.[57]

Die Märchen von *Tausendundeinenacht*, die epischen Gedichte von Byron, die indische Romanze *Lalla Rookh* von Thomas Moore, *Salammbô* von Flaubert, *Der Roman der Mumie* von Théophile Gautier, *Die Elenden* von Victor Hugo, die Reiseberichte von Chateaubriand, Burton und Alexandre Dumas dem Älteren: Sie alle bereiteten den fruchtbaren Boden für die orientalistische Schule der Malerei. Nach seiner Rückkehr aus dem Orient schrieb Byron 1811 die *Turkish Tales*. Darin schildert er die willkürliche Gewalttätigkeit, irrationale Rachsucht und kaltherzige Barbarei der Türken als die dunkle Seite der Romantik. Die Osmanen jedoch, die Byron wirklich traf, waren ganz anders. Wie er dem House of Lords mitteilte:

> Was sie [die Osmanen] sind, mag schwierig zu erklären sein; was sie nicht sind, fällt uns leichter: Sie sind nicht tückisch, sie sind nicht feige, sie verbrennen keine Häretiker, sie sind keine Mörder, und kein Feind ist je bis zu ihrer Hauptstadt vorgedrungen. Sie sind ihrem Sultan treu ergeben, bis er

sich des Regierens als unfähig erweist, ebenso ihrem Gott, ohne daß sie der Inquisition bedürften. Würden sie morgen aus St. Safia vertrieben und statt ihrer Franzosen oder Russen inthronisiert, wäre es fraglich, ob Europa durch den Tausch gewänne. England wäre sicherlich der Verlierer.[58]

Diese Meinung hinderte Byron jedoch nicht daran, die griechische Unabhängigkeitsbewegung zu unterstützen, was ihn schließlich zu der großen romantischen Ikone werden ließ.

Byrons literarischer Orient speist sich aus der Geschichte des Orientalismus, er ist eine Phantasiegebilde, ein exotischer Ort der Imagination, einer Fiktion, zu der er auch seine eigene Person stilisierte. Diese Fiktion wiederum inspirierte eine ganze Heerschar von orientalistischen Malern. Eugène Delacroix zum Beispiel ließ sich 1827 von Byron anregen, *La Mort de Sardanapale* zu malen. Angeregt von einem Gedicht von Byron, zeigt das Gemälde einen orientalischen Despoten, der auf seinem luxuriösen Bett ruht und reichlich apathisch mit ansieht, wie seine irdischen Besitztümer vernichtet werden. All die nackten Konkubinen um ihn herum werden von drei finsteren Schurken erstochen, sein Pferd wird weggezerrt. Trotz des Chaos gibt es eine erotische Stimmung: die Konkubinen sterben im Zustand sexueller Verzückung, ihr Tod wird als exotisches Spektakel inszeniert. Sardanapalus und wir schauen als Voyeure zu. Lanes *Modern Egypt* war die Quelle, auf die sich viele Maler stützten, wenn sie das Innere eines Harems darstellten. Der Harem ist überhaupt eines der stärksten Symbole für die Exotik und Andersheit, die man mit dem Orient assoziiert. Es ist die Antithese schlechthin der westlichen Auffassung von Sexualität. Dieser Gedanke findet seinen stimmigsten Ausdruck in dem Werk von Jean Auguste Dominique Ingres.

Schon 1814 malte er seine *Große Odaliske*. Es folgten seine berühmten Werke *Odaliske und Sklave* (1839) und schließlich *Türkisches Bad* (1862). Die *Große Odaliske* schaut den Betrachter wissend an: Sie weiß, daß sie ein visuelles Konsumobjekt ist. Sie ist passiv, empfangsbereit, Geist und Körper warten nur darauf, in Besitz genommen zu werden. Als Haremsrequisite genügen eine Opiumpfeife und ein Fächer aus Pfauenfedern, kühle Blau- und Grüntöne sorgen für eine einladende Atmosphäre, am deutlichsten wird dies an ihren Augen. Das Bild *Odaliske und der Sklave* geht bei der Suggestion von totaler sexueller Erfüllung noch einen Schritt weiter. Die Frau auf dem Gemälde befindet sich im Zustand erhabenen Rausches, ausgelöst von dem Opium aus der Wasserpfeife neben ihr, verstärkt durch die Musik, die ein Sklave spielt, die weiche Seide, auf der sie liegt, der Duft, der aus dem Garten strömt, die Ruhe, die von den Bäumen und dem Schwan auf dem Wasser ausgehen, und den erlesenen Farben, die sie umgeben. Wie Saranapalus steht sie ihrem Schicksal gleichgültig gegenüber. Komm und erobere mich! Das *Türkische Bad* zeigt sechsundzwanzig nackte Frauen in unterschiedlichen Stadien der Extase in einem imaginären türkischen Bad. Das Bild ist rund und verstärkt den voyeuristischen Effekt: man meint durch ein Schlüsselloch zu blicken und sieht überall nur Rundungen, Brüste und Bäuche. Es gibt nur diesen einen Blick des Betrachters in den privaten Raum. Die Frauen schauen nicht zurück, werfen sich auch untereinander keine Blicke zu.

> Der Voyeurismus ist ein inhärenter Bestandteil des Bildes, dem Betrachter wird ein heimlicher Blick auf den verbotenen Orient ermöglicht. Er erhält Einsicht in eine Welt sexueller Hingabe; er sieht, ohne gesehen zu werden. Die Frauen auf dem Bild wirken wie geklont, es scheint nur ein Modell zu geben, das in einer Unzahl von Posen dargestellt wird. Die Frauen umschlingen sich in Liebespositionen, als unterhielten sie lesbische Beziehungen. Keine der Frauen badet wirklich; das Bad scheint vielmehr nur den Vorwand zu bieten, um sich ausziehen und kokettieren zu können. Das Gemälde ist offensichtlich eine Collage aus den abgedroschenen Klischees östlicher Sinnlichkeit. Die sich gegenseitig streichelnden Frauen, die Düfte, der Weihrauch, die Musik: All dies

versinnbildlicht die unendlichen Möglichkeiten sexueller Erfüllung an einem solchen Ort. Damit wird die Erotik ungewollt zu einer Parodie ihrer selbst. Denn eine solche Massenansammlung von Körpern verstört eher, als daß sie erregt, wie ein Überfluß, der zu sehr sättigt.[59]

Haremsfrauen in Bädern, das ist die weibliche Seite des Klischees. Männer hingegen sind barbarisch und wild. Das Gemälde, das diesen gewalttätigen muslimischen Mann vielleicht am besten symbolisiert, ist Henri Regnaults *Massenexekution unter den maurischen Königen von Granada* (1870). Als Regnault Granada 1869 besuchte, war er von der Schönheit der Alhambra überwältigt. Sein Hauptinteresse bestand jedoch darin, »die echten Mohren so darzustellen, wie sie waren, reich und groß, erschreckend und wollüstig, so wie man sie nur noch in der Geschichte findet.«[60] Regnault verpackt diese Geschichte in eine brutale Hinrichtung vor der Alhambra, und der Titel gab dem Gemälde die historische Authentizität, die es benötigte. Ein Mann ist soeben hingerichtet worden. Sein abgetrennter Kopf liegt vor der untersten Treppenstufe. Darüber erhebt sich imposant der Henker und sieht gleichgültig auf den abgetrennten Kopf herab, während er das blutige Schwert an seiner Kleidung abwischt. Der kräftige schwarze Körper des Henkers mit seinen schwellenden Muskeln steht in scharfem Kontrast zu den sanften Linien seiner aprikosenfarbenen Tunika. Der abgetrennte Kopf weist Züge auf, die denen des Henkers sehr ähnlich sind – was einen Brudermord suggeriert. Das rote Blut, das aus dem Körper tropft und um den Kopf eine Lache bildet, löst sich in Schattierungen von Orange und Pfirsich auf, wenn man zu dem Henker und dem pittoresken Hintergrund aufsieht. Auf dem Bild ist niemand, der diesen barbarischen Akt bezeugen könnte. Er wird also heimlich begangen, gefühllos, technisch effizient und unbarmherzig – so wie es sich für den Orient gehört. Als das Gemälde im Musée du Luxembourg ausgestellt wurde, waren die Besucher so überwältigt von seiner realistischen Darstellung, daß sie in Ohnmacht fielen und ihre schlimmsten Vorurteile gegenüber dem Orient bestätigt fanden.

Der gewalttätige und barbarische muslimische Mann und die sinnliche und passive muslimische Frau: Beides verschmilzt zu dem Bild, das sich der Westen vom Orient machte. Sexualität und Despotismus stehen stellvertretend für seine Minderwertigkeit. Auf seinem Gemälde *The Slave Market, Constantinopel* (1838) verknüpft der schottische Orientalist Sir William Allen diese beiden nur scheinbar widersprüchlichen Ideen: Unter den Minarettürmen der Blauen Moschee wird eine Familie in die Sklaverei verkauft. Der Mann, der in den Besitz eines kirkassischen Kriegers übergegangen ist, wird auf einem Pferd in die Dunkelheit hinausgeschleift, wo ihn ein Leben voller Gewalttätigkeit und Barbarei erwartet. Die Schicksal der Frau, die in die entgegensetzte Richtung davongeht, ist der Harem. Zahlreiche Personen stehen herum und verfolgen teilnahmslos das Geschehen. Im Vordergrund sitzen zwei Osmanen und unterhalten sich: die grausame Szene, die sich direkt vor ihren Augen abspielt, läßt sie vollkommen unberührt.

KREISE INNERHALB VON KREISEN

Orientalistische Gemälde stellen die Araber als eine eigene Rasse dar. Wissenschaftler des neunzehnten Jahrhunderts griffen diese Darstellung auf und machten sie in der Überzeugung, die Speerspitze des Fortschritts zu sein, zum Bestandteil ihrer Philosophie. Spencer und Comte »verwissenschaftlichten« sie und bauten darauf sogar ihre Lehre sozialer Entwicklungsstufen auf; Darwin »biologisierte« sie und bereitete den Boden für den Sozialdarwinismus. Die Rassenlehre, die eine Entwicklung von niedrig zu hoch propagiert, spielte in den Sozialwissenschaften eine immer größere Rolle. Welche Folgen das hatte, ist bekannt. Hegel (1770–1831) hatte den Ton gesetzt. Die zentrale

Idee im Hegel'schen Denken ist die Evolution. Die Geschichte ist ein evolutionärer Prozeß, der verschiedene Zivilisationsphasen durchläuft, bis die Vernunft schließlich zu sich selbst kommt. Im Hegel'schen System läßt sich die Geschichte in vier Phasen unterteilen: die orientale Welt, die griechische Welt, die römische Welt und schließlich – das Ziel dieses evolutionären Marsches – die deutsche Welt. Für Hegel war Deutschland der Inbegriff der Zivilisation, weil es der Vernunft zur Herrschaft verhelfe, indem es Freiheit zum Grundpfeiler des Staates mache. Der Islam gehörte zur orientalischen Welt, und die war lediglich eine Zwischenstufe auf dem Weg der Menschheit zu sich selbst. Der Islam war »die Anbetung des einen, absoluten Objekts.«[61] Diese Anbetung des einen Objekts im Islam sei zu abstrakt, zu übertrieben; sie schließe ein Interesse an der Menschheit insgesamt aus. Dies sei auch der Grund, warum die muslimische Welt wie ein Pendel hin und her schwinge, von Fanatismus zu Verzweiflung, von einem Extrem zum anderen. Dadurch habe die islamische Zivilisation etwas Selbstzerstörerisches und werde sich irgendwann aus der Geschichte verabschieden. Der Islam bot lediglich Fanatismus, sexuellen Genuß und Despotismus. Europas Bestimmung war es, sich die Antithese Islam einzuverleiben und sich selbst als Synthese zu präsentieren. Hegel formulierte nur die Ängste vor dem Islam: im Traumland der europäischen Bestimmung war der Islam ein Alptraum.

Hegel gab den Ton vor, andere stießen ins gleich Horn. In seinem monumentalen Werk *Weltgeschichte* (1881–88) bezeichnete Leopold von Ranke den Islam als die Antithese Europas. Jacob Burckhardt stimmte in den Chor mit ein und Ernest Renan behauptete sogar, am schlimmsten hätten die Muslime selbst unter dem Islam zu leiden. Sie müßten sich aus der Umklammerung des Islam lösen, so wie Europa sich aus den Ketten religiöser Tyrannei befreit habe. Aber Renan bezweifelte, ob die Muslime der Norm, die von der europäischen Zivilisation gesetzt worden war, würden genügen können. Der Grund für seine Zweifel lag in seinem Rassendenken – dem geistigen Motor der Geschichte. Islam und Christentum waren nicht einfach nur zwei unterschiedliche Religionen, sie waren auch das Ergebnis zweier unterschiedlicher Rassen. Das Genie des Christentums war das Genie der arischen Rasse, der Fanatismus und die Dekadenz des Islam lagen in der semitischen Rasse begründet. Der orientalische Verstand, erklärte Renan in einer Vorlesung »Der Islam und die Wissenschaft«, in der er sich auf Voltaire bezog, sei nicht fähig zu rationalem Denken und Philosophie. Der Islam blockiere den Fortschritt der Wissenschaften. Jegliche Ansätze in Wissenschaft und Philosophie seien immer das Produkt der Auflehnung gegen den Islam gewesen. Die Ansicht, daß der Islam keine eigene Wissenschaft hervorgebracht habe und nur das Fließband gewesen sei, auf dem das Wissen der Griechen nach Europa transportiert wurde, hielt sich bis in die Mitte des zwanzigsten Jahrhunderts. Marx machte sich Hegels Idee von Geschichte als Entwicklungsprozeß zueigen und erklärte diesen Prozeß als menschengemacht und daher veränderbar. Für ihn war Geschichte der Schauplatz des menschlichen Kampfes für die Freiheit und daher ein Ort der Hoffnung. Geschichte erhielt ihren Sinn erst im Hinblick auf eine Zukunft, die Erlösung verhieß, und für die nicht Gottes Gnade notwendig war, sondern das kollektive Handeln der gesamten Menschheit. Der Marxismus ersetzte die Eschatologie des jüdisch-christlichen Denkens durch den historischen Materialismus. Die Befreiung und Rettung des Orients setzt seine Zerstörung voraus. Unter Berufung auf Adam Smith und John Stuart Mill nahmen Marx und Engels eine typologische Unterscheidung zwischen okzidentaler und orientaler Geschichte vor. Sie argumentierten dabei mit den Unterschieden im Klima und bei den landwirtschaftlichen Produktionsmethoden. In trockenen Regionen, so ihr Gedankengang, sei ein riesiges Bewässerungssystem vonnöten, das staatlich finanziert und kontrolliert werde. Es sei daher nicht überraschend, daß Regierungen im Orient zum Despotismus neigten. Der Islam sei ein typisches Beispiel. Um den Orient zu befreien, müßten zunächst seine Produktionsmethoden zerstört werden, und daher sei es vollkommen richtig, daß England Indien kolonisiere, denn es erfülle dort zwei Missionen: »eine zerstörende und eine aufbauende – die Vernichtung der asiatischen Gesellschaft und die Grundsteinlegung für eine westliche Gesellschaft.«[62] Wie sich herausstellte, waren beide Prozesse zerstörerisch; für Marx war der Orient nichts als menschliches Kanonenfutter auf dem Weg zur Verwirklichung seiner messianischen Vision.

Der Königsberger Historiker Hans Prutz hingegen zeigt einigen gesunden Menschenverstand. In seiner *Kulturgeschichte der Kreuzzüge* (1883) argumentiert er, der Westen habe vom Islam nicht nur rationales Denken gelernt, sondern ihn auch dazu benutzt, sich aus der erstickenden Umarmung der Kirche zu befreien. Wie zu erwarten gab es lautstarken Protest, und in all dem Lärm ging Prutz' Stimme unter. Ein Jahr später zeigte Gustav le Bon in *La Civilization des Arabes* (1884), daß die europäischen Universitäten über fünfhundert Jahre lang von den intellektuellen Errungenschaften der muslimischen Welt gezehrt hatten. Doch Prutz und le Bon standen im Schatten von Oswald Spengler. In seiner klassischen Studie *Der Untergang des Abendlandes* unterteilte Spengler die menschliche Kultur in drei grundlegende Typen: klassisch, magisch und faustisch.[63] Der Islam gehörte zum zweiten Typus, galt alsdessen vollkommenster Ausdruck. Ebenfalls dieser Gruppe zugeteilt waren andere »religiöse Kulturen« des Orients wie der Judaismus, das frühe Christentum, die chaldäische Gesellschaft und der Zarathustrakult. Magische Kulturen, behauptete Spengler, seien strikt dualistisch, trennten zwischen Geist und Körper und seien von messianischem Eifer beseelt. Die Angehörigen magischer Kulturen erführen die Welt als Höhle und projizierten diese Erfahrung auf ihre Architektur, erkennbar in den christlichen und heidnischen Basiliken, hellenistischen und jüdischen Tempeln, den Bauten des Baalkults, den Feuertempeln des Mazdaismus und den Moscheen des Islam. Die Welt als

Höhle: dafür stünden die Kuppeln der Moscheen. Dabei war der Pantheon der erste Kuppelbau, und der wurde von dem römischen Kaiser Hadrian erbaut! Spengler irrte in beinahe jeder Hinsicht. Sein Faktenwissen ist so dürftig, daß ihn spätere Wissenschaftler leicht widerlegen konnten. Der muslimische Gelehrte Mohammed Iqbal, bekannt auch »als der Philosoph des Ostens«, meinte zum Beispiel, daß »seine Unkenntnis des muslimischen Denkens, ob in Bezug auf das Zeitverständnis oder der Integration des ›Ich‹ als freiem, autonomem Zentrum des Bewußtseins in die religiöse Erfahrung des Islam, schlicht und einfach schockierend ist.«[64] Doch so wie fast alle Geschichtsphilosophen irgendwie Kinder Hegels sind, ist der Einfluß Spenglers auch heute noch spürbar. Aber nicht nur Geschichtsphilosophen wie Toynbee, Mumford, Sorokin und Suzuki sind Spenglerianer, sondern auch Politiker wie Nixon und Kissinger fanden die Lektüre von Spengler aufschlußreich für das Verständnis ihrer Zeit. Besonders Arnold Toynbee aber hatte Spengler vollkommen verinnerlicht. In *A Study of History* führt er einundzwanzig Zivilisationen auf, die insgesamt die menschliche Kultur ausmachten.[65] Toynbee bediente sich großzügig bei Ibn Khaldun und behauptete, die Zivilisation durchlaufe drei Phasen. Alle Religionen hätten eine Schöpfungsgeschichte, die in der »universalen Kirche« institutionalisiert werde und schließlich in den »universalen Staat« münde. Der Staat breche zusammen, wenn der Kern seiner Kultur von Barbaren attackiert werde. Im Falle des Islam sei die *Ummah* die universale Kirche bzw. die globale Muslimgemeinde, und das abbasidische Kalifat der universale Staat. Die Rolle der Barbaren fällt den türkischen und mongolischen Horden aus Zentralasien zu, aber auch den Berbern und anderen Nomaden aus Afrika. Toynbee teilt die muslimische Welt in zwei unterschiedliche Gesellschaften ein: »die arabische« und »die iranische«. Als »Vatergesellschaft«, deren »letztes Stadium« das abbasidische Kalifat sei, sieht Toynbee die alte Gesellschaft Syriens. In diesem Licht betrachtet, ist der Islam nichts weiter als eine Antwort auf den Hellenismus. Toynbee versetzt den Ursprung des Islam an den trüben, weit entfernten Horizont einer »syrischen« Gesellschaft – also immerhin eintausendfünfhundert Jahre vor seine Entstehung!

Wenn man so hurtig durch viele Jahrhunderte westlicher Geschichte huscht, reduziert man notwendig ihre Komplexität. Da es uns aber gelungen ist, grundlegende Muster herauszuarbeiten, ist das Verhältnis zwischen Orient und Okzident dennoch deutlich geworden. Man hätte viele weitere Beispiele anführen können, wäre aber immer wieder zu dem gleichen Ergebnis gelangt: Der komplexen Geschichte des Okzidents liegt ein Konstrukt zu Grunde, das man den Orient nennt. Entstanden ist es in einer Zeit, als man nur spärliche Informationen besaß, und als sich die Kenntnisse über den Orient verbesserten, benutzte der Westen sie für seine Zwecke, beließ das grundsätzliche Bild aber unverändert. Es ging dem Westen immer nur um sich selbst, erst später, als er seine Macht auch auf den Orient ausdehnte, interessierte man sich für die Völker, die dort lebten (mit fatalen Konsequenzen). Alle Klischees entstanden bereits in einem frühen Stadium, manche Aspekte hatten je nach Epoche ein größere oder kleinere Bedeutung. Zwar war das Bild voller Widersprüche (man denke nur an Kunst und Literatur), aber Logik war auch nicht vonnöten, weil das empirische Studienobjekt selbst, der Orient, gar keine Rolle spielte. Der Zweck bestimmt die Konstruktion, und der Zweck war immer, das westliche Denken voranzubringen. Der Orient war lediglich eine Musterkollektion, aus der man auswählen konnte, was dem Westen gerade genehm war. Wir haben versucht, diese Konstruktion sichtbar zu machen und die Folgen für Literatur, Kunst und Philosophie darzustellen. Inzwischen sind diese Muster so oft überarbeitet worden, daß sie dem Westen als normal erscheinen. Sie bilden die Grundlage für die Konstruktion der Wirklichkeit, die östlich des Westens existiert. Nichts anderes ist Orientalismus, in Theorie und Praxis.

THEORIE UND KRITIK

Es ist schwierig, sich in der Geschichte auf einen Ursprung festzulegen. Wer über Vergangenheit spricht, spricht immer von einer Konstruktion. Die Gültigkeit einer Darstellung, die Begründung dafür, ob ein Ursprung immer noch relevant ist, kann nur im Rückblick, also aus heutiger Sicht beurteilt werden und muß die Kontinuitätslinien berücksichtigen. Der Orientalismus setzt sich aus einer Vielzahl von heterogenen Elementen zusammen, ist jedoch undenkbar ohne einen Fokus, der diese Elemente bündelt: Es ist dies die Reaktion des Westens auf die Entstehung des Islam und die Ausbreitung der muslimischen Zivilisation. Erst von da an entwickelte der Westen ein Programm, um den Orient zu interpretieren, zu präsentieren, zu konstruieren und mit ihm zu interagieren. Doch diese Reaktion hatte wenig mit dem Islam selbst zu tun, sondern vielmehr mit dem Ringen des Westens um ein besseres Verständnis seiner selbst. Der Westen hatte schon achthundert Jahre Erfahrung mit dem Islam und längst feste Vorstellungen über den Orient entwickelt, als er mit anderen Zivilisationen des Orients in Berührung kam. Der Orientalismus entstand in der Zeit zwischen der Schlacht bei Tours und Poitier, in der Karl Martell den weiteren Vorstoß des Islam nach Europa stoppte, und dem Aufruf zum ersten Kreuzzug im Jahr 1096. Seine Blütezeit erlebte er in den vierhundert Jahren zwischen dem ersten Kreuzzug und Vasco da Gamas Ankunft in Kalkutta. Orientalistische Vorstellungen hatten bereits eine lange Tradition und waren tief verwurzelt, als der Westen Bekanntschaft mit weiteren orientalischen Kulturen machte. Es ist unschwer erkennbar, wie die Beziehung des Westens zu den unterschiedlichen östlichen Kulturen von den Vorstellungen geprägt war, die sich in den vorangegangenen achthundert Jahren entwickelt hatten.

Das Verhältnis zum Islam beeinflußte maßgeblich den Umgang mit den anderen orientalischen Kulturen. Wie sich gezeigt hat, erfuhr der Orientalismus Veränderungen, Ausdifferenzierungen und Reformulierungen. Um darzustellen, wo der Orientalismus heute steht und wie seine Argumentationsstrategien aussehen, ist es sinnvoll, sich auf den islamischen Orient zu konzentrieren. Wenn man die Geschichte des Islam anhand einiger Texte als lineare Entwicklung darstellt, läuft man Gefahr, aus dem Orientalismus ein monolytisches System, beziehungsweise einen festen, unveränderlichen Diskurs zu machen. Sie wäre simplifizierend und würde außer acht lassen, daß der Orientalismus sich verschiedenen geschichtlichen Situationen angepaßt hat. Man würde alle Orientalisten über einen Kamm scheren, würde allen gleichermaßen vorwerfen, den Islam und andere Kulturen zu dämonisieren. Eine solche Darstellung müßte aussparen, daß es auch Widerstand dagegen gab, im Westen wie im Nicht-Westen; sie würde suggerieren, daß der Orientalismus eine allumfassende Totalität ist. Daher ist es fruchtbarer, den Orientalismus als eine Reihe von Diskursen zu betrachten, die sich verändern, die sich historischen, wissenschaftlichen und literarischen Trends anpassen, aber dennoch gemeinsame Merkmale aufweisen. Diese Zusammenhänge, diese gemeinsamen Merkmale zeigen sich am deutlichsten in der Beziehung zwischen dem Westen und dem islamischen Orient. Wie wir in Kapitel vier sehen werden, tut sich der Westen immer noch schwer mit seinem Verhältnis zum Orient. All das über Jahrhunderte angehäufte Wissen hat nicht dazu beigetragen, das gegenseitige Verständnis zu fördern. Ob im Film, in der Literatur oder der Außenpolitik: Die westliche Zivilisation sieht den Islam als »Problem«, als Hindernis auf dem Weg zu ihrem Ziel: der Globalisierung. Der Orient als Sackgasse – auch heute noch liegt dieser Gedanke dem Orientalismus zu Grunde, in Theorie und Praxis.

DEM ORIENTALISMUS TROTZEN

Eine Darstellung des Orientalismus kann auch den Fehler begehen und umgekehrt den Westen dämonisieren. Wenn wir den Orientalismus als Meta-Erzählung betrachten, dann fällt es schwer, in den Orientalisten nicht ein Rudel von Wölfen zu sehen, die wild entschlossen sind, die Religion, Kultur und Zivilisation des Islam zu zerfleischen. Und es wäre ein leichtes, den Orientalismus als eine Erzverschwörung gegen den Islam oder gar alle nicht-westlichen Kulturen insgesamt zu beschreiben. Eine der ersten polemischen Schriften gegen den Orientalismus hat genau dies getan. In *Islam and Orientalism* rezensiert die bekannte pakistanische Schriftstellerin Maryam Jameelah die Werke von sechs Orientalisten und kommt zu dem Schluß, daß »der Orientalismus keineswegs ein interesseloses und objektives Fach ist, in dem Gelehrte in bester Wissenschaftstradition forschen.« Er ist eher »eine organisierte Verschwörung«, die auf Sozialdarwinismus beruht und darauf abzielt, »unsere Jugend gegen ihren Glauben aufzuhetzen und das gesamte Erbe ihrer Geschichte und Kultur als überflüssig abzutun.«[66] Es ist daher nicht überraschend, daß sie ein Bild des Islam zeichnet, das dem des Orientalismus, der ihn als unveränderlich, der Geschichte verhaftet und obskurantistisch darstellt, diametral entgegengesetzt ist. Eine tiefe Abneigung gegen den Orientalismus wird hier gegen einen puritanischen Islam ausgespielt, der dem Westen feindselig gegenübersteht.

Glücklicherweise zeichnete sich die muslimische und arabische Kritik meist durch ein wesentlich höheres Niveau aus. In seiner klassischen Studie *English Speaking Orientalists* präsentierte A. L. Tibawi eine fundierte Untersuchung der Techniken und Methoden des Orientalismus. Der Historiker Tibawi berief sich auf historische Fakten, um den Orientalismus zu entlarven. Ganz bewußt attackierte er eher »lebende« als »tote« Orientalisten, denn er wollte betonen, daß diese Tradition immer noch besteht. Viele Untersuchungen zum Islam, schreibt er:

zeichnen sich durch große Gelehrsamkeit aus, aber wenn man einmal den gelehrten Fußnotenapparat und die stattliche Anzahl an Quellenangaben näher betrachtet, stößt man unweigerlich auf ein beunruhigend hohes Maß an Spekulation, für die kaum oder gar keine Nachweise erbracht werden. Geschick im Entziffern von arabischen (oder persischen oder türkischen) Dokumenten zu zeigen, ist das eine; etwas ganz anderes ist es, die Ergebnisse, die man gewinnt, mit professioneller Redlichkeit in einen historischen Kontext einzuordnen. Geschichte als Fach ist besonders anfällig für falsche, von außen kommende Urteile. Man scheint davon auszugehen, daß jeder, der einen Stift in die Hand nehmen kann, der Geschichtsschreibung fähig ist. Die Quellen des Islam, seien sie nun literarischer oder historischer Natur, sind so komplex und so miteinander verwoben, daß Wissenschaftler oft dazu neigen, das Ziel zu hoch zu stecken und Geschichtsschreibung zu betreiben, ohne dafür ausreichend qualifiziert zu sein.[67]

Gleichgültig, welche Haltung ein Verfasser einnimmt: Er hat die Pflicht, die Glaubens- und Geisteswelt der Muslime »in ihrer Ganzheit so klar aufzuzeigen, daß niemand Grund hat, sich über falsche Darstellungen zu beklagen.«[68] Erst wenn dies geleistet ist, hat ein Autor das Recht, eine Diskussion zu beginnen und seine eigene Meinung darzulegen. Statt dessen, argumentiert Tibawi, gingen die meisten Orientalisten umgekehrt vor: Sie präsentierten ihre Ansichten als Tatsachen und zögen dann daraus ihre Schlußfolgerungen. Zum Beispiel behaupten einige Orientalisten, Mohammed habe den Koran selbst verfaßt. Aus dieser Behauptung ergäben sich historische, literarische und linguistische Konsequenzen, die durch »reines Wiederholen in den Rang von Tatsachen erhoben werden.« Um ihre Behauptung, Mohammed habe den Koran selbst geschrieben, begründen zu können, müßten die Orientalisten erst einmal beweisen, daß ein Mann, der gar nicht lesen und schreiben konnte, sich in der ersten Hälfte des siebten Jahrhunderts »in sein Arbeitszimmer setzte und antike Autoren ›zitierte‹, bis schließlich das Werk entstanden war, das wir als den Koran kennen.« Ohne diesen Beweis zu erbringen, verankern die Orientalisten den Ursprung des Islam in der jüdisch-christlichen Tradition. In *The Life of Muhammad* beispielsweise behauptet A. Guillaume, daß Mohammed im Koran auf das Evangelium anspiele. Und Montgomery Watt meint in *Islam and the Integration of Society* sogar, daß die frühen muslimischen Schriften gespickt seien mit »Zitaten aus der Bibel«. Wie ist das möglich, fragt Tibawi, »wenn es gar keine arabische Bibel gab, aus der er hätte ›zitieren‹ können?«[69]

Die frühen Polemiken gegen den Islam waren beleidigend und zeichneten bewußt ein falsches Bild, um ihn zu bekämpfen. Die neuere Wissenschaft, sagt Tibawi, versucht, objektiver zu sein. Die neue Methode besteht darin, komparativ vorzugehen, um so die »Mängel« des Islam aufzuzeigen. Denn wenn das Christentum mit dem Islam verglichen wird, »dann kommt letzterer fast immer schlechter dabei weg.« Außerdem nähmen Orientalisten für sich in Anspruch, die alleinige Interpretationsgewalt innezuhaben, und spielen sich als Bewahrer der islamischen Tradition auf. Sie definieren diese Tradition und wachen über sie. Sie setzen sich für »Reformen« ein, aber nur, wenn sie selbst diese Reformen vorschlagen. Auf der einen Seite behaupten die Orientalisten, der Islam sei zu starr und müsse sich Veränderungen öffnen. Wenn aber größere Veränderungen vorgenommen werden sollen, zum Beispiel im islamischen Recht, warnen die gleichen Befürworter davor, daß dadurch die wahre islamische Tradition ausgehöhlt werde. Radikale Veränderungen finden Beifall, wenn sie von verwestlichten Muslimen gefordert werden. Kommen die Vorschläge jedoch von »Reformern aus der islamischen Welt, die eine große Zahl von Anhängern besitzen, werden sie als ›reaktionär‹ gebrandmarkt. Auch wer einen Mittelweg wählt, macht es keinem recht, weil dies »nicht weit genug« gehe. Tibawi besteht darauf, daß es einzig und allein der muslimischen Gemeinschaft vorbehalten ist, darüber zu bestimmen, welche Veränderungen nötig sind und wie sie umgesetzt werden sollen. Zwei Leitprinzipien sollten dabei vorrangig sein: Veränderungen müssen im Einklang mit den Interessen der Gemeinschaft (*maslahah*) und den Rechtsprinzipien (*adl*) stehen. Und es ist Sache der Gemeinschaft und nicht der Orientalisten zu entscheiden, was in ihrem eigenen Interesse ist. Orientalisten stehen oft auch in Diensten westlicher Außenpolitik oder gar westlichen Imperialismus. Wenn die arabischen Staaten gegen die Interessen des Westens handeln, bemüht man den Koran und die Traditionen der Propheten, um darauf hinzuweisen, daß dies gegen den Geist des Islam verstoße. Die klassischen Werke muslimischer Gelehrten werden verzerrt, um zu beweisen, daß sich Araber und Muslime der modernen Welt nicht anpassen können. Ein Beispiel: Obwohl Begriffe wie »arabischer Patriotismus« und »arabische Nation« Ibn Khaldun vollkommen fremd waren, benutzt man die orientalistische Interpretation seines Werks, um die »angebliche Unterlegenheit der Araber« zu beweisen. Tatsächlich wird das ganze politische Glaubensspektrum, von sozialistisch bis reaktionär, in die Werke von Ibn Khaldun hineingelesen. Diskutiert man aber über die Probleme im Mittleren Osten, insbesondere über das Problem in Palästina, werden nur »soziale, religiöse, landwirtschaftliche, industrielle und biologische« Aspekte analysiert. Die politische Dimension spart man häufig aus.

Tibawis messerscharfe Analysen führen zu drei grundsätzlichen Schlußfolgerungen:

1. Der moderne Orientalismus greift trotz der akademischen Fortschritte weiterhin auf das mittelalterliche Islambild zurück; »er hat nur die altmodischen Kleider abgelegt und sich in modernere gehüllt. Beispiele für das Überdauern alter Vorstellungen gibt es in Hülle und Fülle, und dies gilt nicht nur für den Islam und Mohammed, sondern logischerweise auch für die Theologie, das Recht und die Geschichte des Islam.«[70]

2. Der Orientalismus zeichnet sich aus durch einen Mangel an klarem Denken, objektiven Standards und einem Mindestmaß an Höflichkeit, Toleranz und Mäßigung gegenüber den muslimischen Sichtweisen. Meistens gewinnt die religiöse und politische Parteinahme die Oberhand über die wissenschaftliche Urteilskraft.
3. Es gibt in dem umfangreichen Material, das Orientalisten über die Ursprünge des Islam angehäuft haben, keinen konkreten oder schlüssigen Beweis dafür, daß der Islam Anleihen bei der Bibel oder den jüdischen Schriften genommen hat. In dieser Hinsicht sind die Behauptungen der Orientalisten unbewiesene »vage Verallgemeinerungen«; und orientalistische Wissenschaft ist kaum mehr als eine Hervorbringung von »spekulativen Diskursen über das Offensichtliche.«

Tibawi verurteilt den Orientalismus nicht in Bausch und Bogen. Er erkennt das Werk von Orientalisten an, sofern sie sich wirklich um geschichtliche Erkenntnisse bemühen. Dieses Prinzip macht sich auch Anour Abdel-Malek in seiner klassischen Studie *Orientalism in Crisis* zueigen. Er hebt zunächst die positiven Elemente der orientalistischen Studien zum Islam und den Arabern hervor:»Die Erforschung alter Kulturen; das Zusammentragen arabischer Manuskripte in europäischen Bibliotheken; das Erstellen von Manuskriptkatalogen; die Veröffentlichung einer Anzahl von wichtigen Werken«; die »Herausgabe von Studien, die linguistisch gesehen oft mangel- oder fehlerhaft waren, aber zumindest einer strengen Methode folgten.« All diese Arbeiten »haben dazu beigetragen, daß wir die Vergangenheit besser verstehen.«[71] Sie repräsentieren aber keineswegs »die vorherrschende Sichtweise des traditionellen Orientalismus«, der, wie Abdel-Malek argumentiert, immer noch philosophischen und historischen Vorstellungen verhaftet ist, die eine objektive Orientwissenschaft Lügen straft. Nach Abdel-Malek ging es den Orientalisten hauptsächlich darum, das »Terrain zu sondieren, das sie besetzen wollten, um dann tief in das Bewußtsein der

Völker vorzustoßen mit dem Ziel, ihre Unterwerfung unter die europäischen Mächte zu gewährleisten.« Dieses Phänomen läßt sich nicht nur im Orientalismus beobachten. Es war

> zu Zeiten des Imperialismus ein konstitutiver Bestandteil der Sozialwissenschaften aller europäischen Länder: im italienischen Orientalismus unter Mussolini; in den psycho-politischen Studien von Lawrence und seiner Schule; und davor in der Gemengelage aus klerikalen Kreisen, Militär und Orientalisten (besonders in der Zeit des ›Dritten Provinzkongresses der Orientalisten‹ in Lyon 1878).[72]

Abdel-Malek unterscheidet zwischen »traditionellen Orientalisten« – »einer Mischung aus Akademikern, Geschäftsleuten, Militärs und Kolonialbeamten« – und dem »Neo-Orientalisten.«[73] Beide behandeln den Orient und seine Bewohner als »Studienobjekt«, das sich vor allem durch sein Anderssein auszeichnet. Man betrachtete dieses Objekt als passiv, teilnahmslos und »versehen mit einer ›historischen‹ Subjektivität, die vor allem nicht-aktiv, nicht-autonom ist, also keine Gewalt über sich selbst besitzt.«[74] Darüber hinaus sah man die Nationen, Völker und Kulturen des Orients durch eine essentialistische Brille, was seinen Niederschlag in »einer markant ethnischen Typologie fand.« Diese Typologie, die oft genug in Rassismus umschlug, »basierte auf einer realen, von der Geschichte unabhängigen Besonderheit, wurde daher als unantastbar und essentiell angesehen.«[75] Auf diese Weise wurde der Europäer seit der griechischen Antike zum Maß aller Menschen.

Wie schon Tibawi vor ihm, versuchte Abdel-Malek darzulegen, wie der Orientalismus dabei methodisch vorging. Er fand vier Hauptkomponenten:

1. Orientalismus konzentrierte sich auf die Vergangenheit der orientalischen Nationen und Kulturen. Weil man sich auf eine bestimmte Blütezeit in der Vergangenheit festlegt, erlebt der Orient seither folgerichtig einen Niedergang.

2. Die Vergangenheit des Orients wurde in seinen kulturellen (linguistischen und religiösen) Aspekten erforscht und von jeglicher sozialen Evolution abgekoppelt; dadurch wurde beispielsweise das Arabische so erforscht, als wäre es eine tote Sprache. »Das ist so«, bemerkt Abdel-Malek, »als mache man sich daran, einen Kommentar zur französischen Sprache (der Sprache von Martin du Gard, Sartre, Aragon) auf Grundlage der Lektüre der *Chansons de geste* zu schreiben; oder zum Englischen auf Grundlage des Angelsächsischen; oder zum Italienischen (der Sprache Croces, Gramscis und Moravias) unter Berufung auf das Kirchenlatein.«[76]
3. In einer solchen Lesart erscheint die lebendige, sich erneuernde Geschichte als »Fortsetzung einer großen, aber beschränkten Vergangenheit.« Dadurch besitzt der Orient keine geschichtsbildende Kraft mehr, sondern wird zum Exotikum.
4. Die Errungenschaften des Orients, ihr Beitrag zur Wissenschaft, wurde systematisch ignoriert oder unterdrückt. Meist schrieb man ihnen geringen Wert zu und würdigte sie herab. Die angebliche »Rückständigkeit« des Orients wurde mit der vermeintlich unproduktiven Geschichte in Verbindung gebracht und als »grundsätzliches Merkmal der orientalischen Wirklichkeit« dargestellt. Damit sprach man den Kolonialismus von jeglicher Schuld frei.

Dazu kam noch, daß man die Quellen für die Forschung konfiszierte oder auf anderen Wegen aus dem Orient schaffte und in den großen europäischen Metropolen sammelte. Dadurch waren die einheimischen Wissenschaftler dazu verurteilt, bei der Erforschung ihrer eigenen National- und Kulturgeschichte auf sekundäre Quellen zurückzugreifen. Die sekundären Quellen aber, auf die sich auch die meisten Orientalisten stützen – Berichte von Kolonialverwaltern, religiösen Missionen, gesellschaftlich relevanten Gruppen, Reiseliteratur oder sonstige literarische Fantastereien –, »sind durchsetzt mit Ethnizismus und Rassismus in allen Variationen«, deren harmloseste noch die paternalistische oder exotisierende ist.[77] Derartige Quellen, meint Abdel-Malek, können keine Grundlage für eine solide, objektive Forschung sein.

Im Gegensatz zu Abdel-Malek bietet Syed Hussein Alatas eine soziologische Analyse des Orientalismus. Sein Schwerpunkt liegt auf dem Topos vom »faulen Eingeborenen«, den man auf die Völker Malaysias, Indonesiens und der Philippinen anwandte. Die Kolonialbeamten, die sich meist auch als Forscher betätigten, und die Südostasienreisenden waren einer Meinung: Das »Hauptcharakteristikum« der Menschen in diesen Regionen sei eine »Abneigung gegen Arbeit«. Alatas zeigt in seinen sorgfältigen Studien, wie vom sechzehnten bis zwanzigsten Jahrhundert die Bevölkerung dieser Länder als träge dargestellt wurde, und bietet auch eine Erklärung dafür, wie dieser Mythos entstehen konnte und warum er sich so hartnäckig hielt. Es war vor allem der Schriftsteller Frank Swettenham, der die Malaysier in Verruf brachte. Swettenham, der Vertreter Großbritanniens in Malaysia, hielt die Malaysier für fatalistisch und abergläubisch, nur weil sie Muslime waren. Er behauptete, Malaysier fügten sich widerspruchslos den »Autoritäten«, seien »gut im Nachahmen« und daher »lernfähig«. Sie könnten allerdings niemals dazu gebracht werden, »Neuerungen« zu akzeptieren. Immerhin widersprach er der allgemeinen Ansicht, die Malaysier seien verräterisch: »Ich stelle doch sehr in Frage, daß sie diesen Vorwurf mehr verdienen als andere Völker.« Seine soziologischen und historischen Arbeiten aber hatten ihn davon überzeugt, daß die Malaysier an körperlicher oder geistiger Arbeit schlicht nicht interessiert waren. »Was auch immer der Grund dafür ist«, schrieb Swettenham, »die Malaysier der Halbinsel waren und sind zweifellos einer regelmäßigen Arbeit abgeneigt.« Mehr noch: Sie besäßen überhaupt keine Eigeninitiative. Sie täten einfach das, was ihre Herren ihnen befehlen würden: »Sie überlegten nie, ob etwas richtig oder falsch war, zu ihrem Vorteil oder nicht; es hieß immer nur: ›Was hat der Radscha befohlen?«[78] Wenn die Malaysier nicht arbeiteten, fragte sich Alatas, wovon lebten sie dann?

Die meisten Malaysier arbeiteten ebenso wie die Javaner und Philipinos hart, und zwar täglich. Sie bepflanzten und bestellten das Feld, sie fischten, bauten Häuser oder taten, was sonst noch im ländlichen Leben vonnöten war. Woher aber kam dann das Bild vom faulen Ureinwohner? Alatas glaubt, es habe daran gelegen, daß die Kolonialherren sie nie bei der Arbeit gesehen hätten. Malaysier seien ein weitgehend unabhängiges Volk gewesen, und da sie hauptsächlich auf dem Land gelebt hätten, sei ihr Kontakt zu den Europäern auch nur beschränkt gewesen:

> Die Europäer hatten wenig Erfahrung mit Malaysiern, weil sie nicht als Dienstpersonal arbeiteten. Die Malaysier zählten nicht zu den Säulen ihres bequemen Lebens. In den Bars und Ruhehäusern, in den Hotels und Geschäften gab es keine Malaysier, die Europäer bedienten. Sie arbeiteten höchstens als Fahrer oder Gärtner. Auch mit Häuser- und Straßenbau oder Büroarbeit hatten die Malaysier nichts zu tun. Oder anders ausgedrückt: Sie tauchten auf dem Gebiet des modernen Kapitalismus nicht auf.
> Der Kolonialkapitalismus war nicht nur rein ökonomischer Natur. Er durchdrang das gesamte Verwaltungssystem, die Schulen usw. Wenn also die Regierung eine Eisenbahn baute, wurden die Arbeiter, die diese Eisenbahn bauten, und die, die sie betrieben, Teil des Systems Kolonialkapitalismus. Auch Malaysier wurden Teil dieses Netzwerks, wenn auch indirekt, als Verwaltungsbeamte. Da sie dort keinen regelmäßigen Kontakt mit den Kolonialherren hatten, erfuhren ihre Dienste nie eine besondere Wertschätzung. Die Malaysier waren kein funktionierender Teil eines in sich geschlossenen Systems namens Kolonialkapitalismus.[79]

Ganz anders die Chinesen. Sie erledigten praktisch alle Dienstleistungen für die Europäer. Sie arbeiteten als Butler, Barmänner, Eisenbahner und betrieben kleine Firmen, um die Europäer mit »Luxus aller Art« zu versorgen. Dadurch mußte für die Chinesen eine andere Art von Mythos geschaffen werden: »Sie rauchen Opium, lügen hemmungslos, und wann immer sich die Gelegenheit bietet, sind sie unehrlich, hinterhältig und treulos.«[80] Trotzdem galten die Chinesen als fleißig, und zwar einfach deshalb, weil sie die niedrigsten Arbeiten erledigten. Inder waren aus ähnlichen Gründen anerkannt. Chinesen und Inder waren Immigranten und daher gezwungen, Sklavenarbeit zu verrichten, zum Beispiel in Bergwerken oder Büros, wie Alatas eindrücklich beschreibt. Die Malaysier befand man für faul, und zwar nicht, weil sie träge waren, sondern weil sie sich hartnäckig weigerten, Teil des Systems Kolonialkapitalismus zu werden. »Hier lag der soziologische und ideologische Ursprung für das Bild vom trägen Malaysier.«[82]

The Myth of the Lazy Native war ein bahnbrechendes Werk, das den wissenschaftlichen Orientalismus veränderte, weil es die erste soziologische Analyse seiner Funktionsweise lieferte. Hichem Djait präsentierte mit *Europe and Islam*, das ein Jahr nach Alatas' Studie in Frankreich herauskam, die erste philosophische Interpretation. Djaits These ist ziemlich paradox: Die »Einzigartigkeit« der europäischen Geschichte macht sie inkommensurabel mit allen anderen Gesellschaften.«[81] Weil der Islam schon qua Definition zu einem Problem für Europa geworden war, war eine vergleichende Untersuchung der Religionen oder Zivilisationen kaum möglich. Außerdem stellte der Islam ein größeres Problem dar als alle anderen nicht-westlichen Zivilisationen. Während beispielsweise China das absolut Andere repräsentierte, hatte der Islam mit Europa einiges gemeinsam; tatsächlich war der Islam eine der Grundvoraussetzungen für »Europas Aufstieg zu Größe«. Und hier lag das Problem: Der Islam spielte eine wichtige Rolle bei der intellektuellen, wissenschaftlichen und technologischen Entwicklung Europas, das »an seiner Ausdehnung litt, einen Preis dafür zu zahlen hatte, aber schließlich überlebte und sich gegen die Moderne zu wehren begann, die sie selbst hervorgebracht hatte.«

Djait gibt weit mehr als einen erhellenden Überblick über orientalistisches Denken in seiner französischen Ausprägung. Er sah in den Orientalisten Handlanger der Moderne und nutzte eben jenen Orientalismus, um mit ihm diese Moderne heftig zu kritisieren. Es ging ihm dabei um zweierlei: Einmal wollte er den Zauber brechen, mit dem der Orientalismus das muslimische Bewußtsein belegt hatte; zudem wollte er das spärliche Wissen des Okzidents über den Orient erweitern. Die Moderne machte einerseits das Problem des Orientalismus obsolet und stellte andererseits die Frage neu. Es sei ja nicht so, daß ein Muslim heute seine Seele verwestlichen müßte; er sei lediglich angehalten, sein Leben zu rationalisieren und zu modernisieren. Und außerdem fordere die Moderne auch von der westlichen Zivilisation ihren Preis. Djait schreibt:

> Die westliche Kultur ist geprägt von moralischen Werten und von einem gewissen grundsätzlichen Streben. Beides hat sich inhaltlich verändert, das grundsätzliche Ziel aber ist gleich geblieben. Bezeichnend für die westliche Zivilisation ist: die Vorstellung vom Leben insgesamt, der Versuch, die Natur zu beherrschen, das Bemühen, eine bestimmte Lebensform durchzusetzen (in der Stadt wie auf dem Land), der Versuch, dem menschlichen Tun eine bestimmte Orientierung zu geben. Bis zur industriellen Revolution gab es eine Kultur und eine Zivilisation, sonst nichts. Danach gelang es, mit Hilfe dieser beiden Strukturen die entstehende Macht der Technologien zu beherrschen: Zivilisation bändigte sie, Kultur ignorierte sie. Aber der Vormarsch der technologischen Moderne hat die Zivilisation aus dem Rhythmus gebracht und die Kultur der Substanz beraubt. Und genau dies ist die Krankheit des Westens: Die der Moderne inhärente Logik zerstört sowohl die Zivilisation als auch die Kultur. Der Westen hat versucht, beides strikt voneinander zu trennen. Es gelang ihm aber nicht, und zwar deshalb, weil die Industrialisierung seine Zivilisation tief greifend veränderte und weil das technologische Denken – wenn auch indirekt – eine grundsätzliche Entscheidung voraussetzte: die für eine Kultur der Ratio-

nalität. Die Aufleben des Regionalismus, die Diskussion um das Leiden an der Moderne, das Aufblühen des Sektenwesens, die Entstehung von Subkulturen, die Wiederentdeckung der kommunitaristischen Werte – all diese Reaktionen sind ein Beweis dafür, wie ein zunehmend unmenschliches System ein immer größeres Unbehagen erzeugt. Und trotzdem sehnt man sich im Rest der Welt nach dieser Moderne, allerdings ohne eine Chance an ihr teilzuhaben.[83]

In Djaits Analyse ist die Moderne eine Spielart des Orientalismus. Der Versuch, den nicht-westliche Kulturen das eigene Menschenbild aufzuzwingen, ist eine Fortsetzung des orientalistischen Projekts und spiegelt die Krise des westlichen Selbst wieder. Ebenso wie im Orientalismus ermöglicht die Moderne dem Homo occidentalis, die eigene prometheische Vision auszuleben. Sie »zwingt den anderen seinen Rhythmus auf und stellt sie vor die Wahl zwischen schmerzhafter Unterwerfung oder historischem Tod.« Die Moderne ignoriert die wirkliche Geschichte, ihre Kämpfe, ihre Brutalität, ihre Anforderungen. Der Westen hat die nicht-westliche Welt dazu aufgefordert, ihn mit seinen eigenen Waffen zu bekämpfen, was zur Folge hat, daß der Westen sich in seinem Fortschrittswahn selbst zugrunde richtet. Wie Djait zwei Jahrzehnte vor Huntington feststellte, ist die Behauptung, wir steuerten auf einen Kampf der Kulturen zu, völliger Unsinn. Es sei vielmehr so, daß alle Kulturen von der instrumentalisierten Moderne bedroht seien. »Wenn es so etwas wie Solidarität gibt, wenn es eine Grundlage für eine bessere Welt gibt, dann kann sie nur im gemeinsamen Kampf gegen einen gemeinsamen Feind liegen – und dies gilt auch für den Westen selbst: dem Kampf gegen eine unkontrollierte Moderne. Und hierin liegt auch die Chance für den Islam mit seiner erhabenen Botschaft.«[84]

Die muslimische Reaktion auf den Orientalismus, sein Widerstand gegen Europa, erfährt in dieser Argumentation eine positive Wendung. Muslimische Intellektuelle müssen die westliche Kultur von innen heraus begreifen, müssen »sie nach ihrem innersten Wesen befragen, müssen ihre Konturen bestimmen, mit Wohlwollen, aber auch mit kritischer Distanz.« Und dies ist um so nötiger, wie Djait in brillanter Voraussicht schrieb, als der Westen sich einerseits gegen die Welt abschottet und andererseits seine eigenen Grundlagen überdenkt, wie an seiner Politik deutlich wird. Diese ›Selbstreflexion‹, argumentiert Djait, »ist symptomatisch für seinen Zweifel und seine Verwirrung. Es könnte auch der Auftakt einer verzweifelten Selbstglorifizierung sein. Jedenfalls kann es nicht angehen, daß Europa den Rest der Welt einfach ignoriert und dabei außer acht läßt, daß es selbst einmal bescheiden angefangen hat.« Und der Islam muß einsehen, wie sehr dem Westen »der Drang inhärent ist«, sich selbst in »monolithischen und mythischen Kategorien« zu denken. Der Islam muß selbstbewußter werden, denn immerhin haben die westliche Kultur und der Marxismus es nicht geschafft, seine kulturellen Wurzeln zu kappen. Er muß ein kritisches, historisches Denken entwickeln, um seine Situation zu verbessern. »Die islamische Intelligenz muß sich dem normativen Islam ein wenig entziehen, indem sie die Vergangenheit entmythologisiert, ohne in hektische Selbstanklage zu verfallen.« Die Rolle des islamischen Intellektuellen besteht nicht darin, Europas Leistungen oder Rationalität in Frage zu stellen, sondern darin, ihr »andere Normen, andere Werte, vielleicht auch andere Kategorien entgegenzusetzen. Nur so ist ein gegenseitiges Einvernehmen möglich, das weder utopisch noch destruktiv ist, sondern eine kreative Synthese.«[85]

Der muslimische Widerstand gegen den Orientalismus muß seinen Realitäts- und Geschichtssinn wahren. Muslime müssen akzeptieren – und mag es in absoluten Kategorien noch so falsch sein –, daß sie »rückständig« sind. Was bedeutet »rückständig«? »Es bedeutet, daß der Westen eines Tages aus dem Rudel seiner Artgenossen ausbrach, vorausrannte, sich verausgabte und die anderen erschöpft zurückließ. Wer aber in einem solch unsportlichen Rennen mit solch seltsamen Regeln ausreißt, stößt seinen Gegner weg und bringt ihn ins Straucheln. Die »Rückständigkeit« der Muslime, »ist die dunkle Seite dieses atemlosen Rennens, in dem der Westen die Geschwindigkeit, das Gelände und das Ziel bestimmt.« Und da diese »Rückständigkeit« tatsächlich existiert, erhöht sich die Sehnsucht nach dieser Moderne, verstärkt sich der Wunsch, den Westen einzuholen. Da man diese Kluft aber nicht schließen kann, ist es um so wichtiger für den Islam, die eigenen Werte zu bewahren: die eigene Identität, die eigene Kultur, die eigene Zivilisation. Mit anderen Worten: Der Islam »sollte seinen Beitrag – und dieser ist bedeutend – zur Menschheitsentwicklung bewahren, kultivieren und verfeinern.«[86]

EDWARD SAID UND SEINE KRITIKER

Vor der Veröffentlichung von Edward Saids viel zitierter und umstrittener Studie *Orientalism* kam die Kritik am Orientalismus aus Disziplinen wie der Islamistik, Linguistik, Anthropologie, Soziologie, Geschichte und Philosophiegeschichte. Said, ein palästinensisch-amerikanischer Wissenschaftler, Intellektueller und Aktivist, bediente sich zwar bei Tibawi, Alatas, Abdel-Malek, Djait und anderen wie Abdullah Laroui, Talal Asad, K.M. Panikkar und Ramila Thapar, erkannte aber keinen von ihnen an. Tatsächlich scheint es, als wäre *Orientalism* aus dem Nichts aufgetaucht und hätte aus dem Stand die Debatte beherrscht.

Was aber unterscheidet *Orientalism* von früheren Arbeiten? Für Aijaz Ahmad ist das Besondere an Said, daß er sich vor allem mit Orientalisten wie Chateaubriand, Nerval und Flaubert beschäftigt und daß er sich methodisch der Diskurstheorie von Foucault bedient.[87] Doch Saids Arbeit hält Djaits erhellender Analyse der französischen Orientalisten keineswegs stand. Und schon Marshall Hodgson hat in seinen zwischen 1940 und 1960 veröffentlichten, brillanten Essays, also lange vor

Foucault, darauf hingewiesen, daß der Orientalismus als Universitätsfach und Machtdiskurs die Vorherrschaft des Westens über den Nicht-Westen sichere.[88] Der orientalistische Ansatz habe, so Hodgson, seine Wurzeln in der westlichen Vorstellung von Weltgeschichte. Sowohl der Orientalismus, als auch die westliche Kultur gingen von der Annahme aus, daß jede Zivilisation einen Wesenskern besitze, der sich in ihren klassischen Werken manifestiere. Dieser Ansatz degradiere Geschichte zur Farce, meint Hodgson, er versperre den Blick auf Veränderungen und präsentiere die Vergangenheit als Drama: im Falle der muslimischen Zivilisation als Tragödie, im Falle der westlichen Gesellschaft als Triumph. Folglich werde die Geschichte des Okzident als Entwicklung hin zu Freiheit und Rationalität und die des Ostens hin zu Despotismus und kultureller Stagnation erzählt. Außerdem sei es unhaltbar, die muslimische Zivilisation auf eine bestimmte Region einzugrenzen. Sie sei mitnichten auf den Mittleren Osten oder Asien beschränkt, sondern vielmehr global. Der Islam überwinde viele Zivilisationsbarrieren, bringe zahlreiche neue gesellschaftliche und kulturelle Mischformen hervor, Formen, die einerseits islamisch seien, andererseits auch arabisch, indisch, chinesisch, türkisch oder afrikanisch. Nur wenn man den Islam als globales Phänomen betrachte, erhalte seine Geschichte Sinn. In seinem bekanntesten Werk, dem dreibändigen *Venture of Islam*, zeigt Hodgson, wie Weltgeschichte aussieht, wenn man sie aus einer islamischen Perspektive betrachtet.[89] Plötzlich erscheint die muslimische Zivilisation nicht mehr als mißlungene Imitation des Westens, sondern selbst als Movens der Weltgeschichte. Hodgson benutzte nicht die Begrifflichkeit der Foucaultschen Diskurstheorie, sondern stellte den Orientalismus als große Erzählung dar, die nicht nur mißbraucht wurde, um ein falsches Bild des Islam zu zeichnen, sondern auch, um die Geschichte des Islam auf einen kleinen Beitrag zur universellen Geschichte der säkularisierten westlichen Zivilisation zu reduzieren.

Enthält Saids Studie *Orientalism* überhaupt etwas Neues? Fest steht jedenfalls, daß Said keine neuen Fragen aufwirft; und seine Kritik ist keineswegs profunder als die seiner Vorgänger. James Clifford bemerkt: »In Frankreich kennt man die kritischen Fragen, die Said stellt, spätestens seit dem Algerienkrieg. Und auch schon vor 1950 stößt man auf sie.«[90] In England sorgen Norman Daniel und R.W. Southern mit regelmäßigen Publikationen dafür, daß mittlerweile gut dokumentiert ist, woher das Islambild des Westens stammt, wie es sich entwickelt und warum es überdauert hat. Zieht man rein wissenschaftliche Kriterien heran, dann ist Saids Beitrag nicht sehr bedeutend, vergleicht man ihn mit Hodgson, Daniel und Southern oder Tibawi, Alatas und Djait. Doch immerhin löste Saids Buch eine neue Debatte über den so genannten »Orient« aus. Was waren die Grundlagen dieser neuen Debatte?

Said führte in *Orientalism* drei Neuerungen ein. Erstens: Er analysierte nicht nur die Geschichte, sondern auch die Literatur. Und dabei beschränkte er sich nicht nur auf Arabisten wie Ockley und Gibb, auf Kolonialbeamte wie Cromer und Curzon, auf Reiseschriftsteller wie Burton und Doughty, auf Geschichtswissenschaftler wie Muir und auf Franzosen wie Volney und Chateaubriand, sondern er ging noch einen Schritt weiter. Er behauptete nämlich, daß die Werte, die es England ermöglichten, sein Empire aufzubauen und imperialistische Ausbeutung zu betreiben, nicht nur Autoren wie Rudyard Kipling, E. M. Forster und Joseph Conrad maßgeblich beeinflußt hatten, sondern auch Schriftsteller, die wir überhaupt nicht mit dem Imperialismus in Verbindung bringen würden wie Jane Austen, Charles Dickens, Thomas Hardy und Henry James. Said geht sogar so weit zu behaupten, der europäische Roman sei ohne den Imperialismus gar nicht denkbar. Zweitens: Es gelang Said, die kritischen Ansätze der unterschiedlichen Disziplinen in einem interdisziplinären Fach zu vereinen. Drittens: Indem er die Begrifflichkeit der Foucaultschen Diskursanalyse und einen literaturwissenschaftlichen Ansatz benutzte, gab er den orientalismuskritischen Kräften einen neuen strategischen Ort. Dies und Saids These vom Orientalismus als der »größten aller Erzählungen«, eines allumfassenden Diskurses, der den Orient enthielt und repräsentierte, sind der Schüssel zum Erfolg von *Orientalism*. Natürlich spielten auch Saids Etabliertheit in der mondänen, akademischen Welt und die damals modische Gattung Literaturkritik eine wichtige Rolle. Im Gegensatz dazu bewegte sich Tibawi in der relativ obskuren Welt der Islamistik; Alatas arbeitete als Soziologe in Singapur, was ihn zu einer wenig modischen Dritte-Welt-Perspektive verurteilte; Djait lebte in Tunis und schrieb auf Arabisch (wenngleich sein Werk übersetzt wurde, zunächst ins Französische und dann ins Englische); Hodgson war ein reiner Geschichtswissenschaftler; Daniel und Southern beschäftigten sich hauptsächlich mit europäischer Geschichte. Paradoxerweise hatte *Orientalism* deshalb diesen großen Erfolg, weil das Buch von eben jener Dynamik profitierte, die den Orientalismus am Leben hält.

Said erklärte den Orientalismus zum Metadiskurs und konnte daher alle anderen Definitionen in seine Analyse integrieren. Für Edward Said ist der Orientalismus:

1. die klassische Tradition, eine Region anhand ihrer Sprache und Schriften zu erforschen; daher ist jeder, der über den Orient schreibt, forscht oder lehrt, ein Orientalist. Dadurch ist der Orientalismus ein sich selbst erhaltendes System mit eigenen Doktrinen und Thesen und bringt immer wieder Orientalismusexperten hervor, die sich als Autoritäten gebärden.
2. »eine Möglichkeit, sich mit dem Orient auseinanderzusetzen, die auf der besonderen Stellung des Orient in der westlichen Welt basiert.«[91]
3. ein »universales Denksystem, dessen Wurzeln bis in die Antike zurückreichten und das auf der ontologischen und epistemologischen Unterscheidung zwischen »Orient« und »Okzident« basiert.«[92]

4. ein »westlicher Stil, den Orient zu beherrschen, umzustrukturieren und Autorität über ihn auszuüben.«
5. »eine Bibliothek oder ein Archiv, dessen Struktur von einem einheitlichen Wertesystem und einem bestimmten Ideenfundus geordnet wird, das sich in vielerlei Hinsicht als sehr effektiv erwiesen hat. Mit diesem Ideenfundus läßt sich das Verhalten von Orientalen erklären; ihnen wird eine Mentalität, eine Genealogie und eine Ausstrahlung zugeschrieben; und was noch wichtiger ist: Er erlaubte es den Europäern, den Orientalen bestimmte Merkmale zuzuschreiben, und erleichterte ihnen dadurch den Umgang mit ihnen.«[93]
6. ein »Repräsentationssystem, das im Rahmen einer bestimmten Kräftekonstellation den Orient der westlichen Wissenschaft, dem westlichen Bewußtsein und dem westlichen Empire zugänglich machte.«[94]
7. die westlichen »staatlichen Institutionen«, die für den Umgang mit dem Orient verantwortlich sind: die ihn beschreiben, bändigen, kontrollieren, die über ihn lehren und ihn erforschen, Ansichten über ihn äußern, Interpretationen autorisieren.

Mit diesen umfassenden, aber widersprüchlichen Definitionen stellt Said den Orientalismus als einen relativ einheitlichen Diskurs dar, der die Geschichte von der Antike bis zur Gegenwart umspannt. Das Buch zeigt eine Genealogie des Orientalismus auf, in dem sich grundsätzliche Merkmale des Diskurses durch die verschiedenen Epochen der menschlichen Geschichte hindurch wiederholen. Saids Hauptargument lautet: Orientalistische »Texte schaffen nicht nur Wissen, sondern auch Realität. Wissen und Realität wiederum schaffen eine Tradition.«[95] Und diese wiederum bestimmt die Art und Weise, wie Wissenschaft betrieben wird. Außerdem ist diese Wissenschaftstradition Teil eines wirtschaftlichen und politischen Machtgefüges, das dem Kolonialismus Tor und Tür öffnete. Sie gab seinen Machtgelüsten eine Stimme, stellte ihm einen Blankoscheck aus. In

Orientalism versucht Said zu zeigen, wie Europa erst den Orient erfand und diese Erfindung dann als Instrument benutzte, um die kolonialisierten Völker zu kontrollieren und zu unterdrücken. Natürlich bietet eine derartig allgemeine Definition von Orientalismus eine große Angriffsfläche. Und daher wurde *Orientalism* mit viel Lob, aber auch mit viel Kritik bedacht.

Vielleicht sollte man mit dem Offensichtlichsten beginnen. *Orientalism* ist weder eine anti-westliche noch eine pro-islamische Streitschrift. Weder stellt Said den Orientalismus als eine Verschwörung dar, noch zeigt er mit erhobenem Zeigefinger auf den bösen Westen. Dennoch gab es Stimmen, die genau dies behaupteten. Die Kritik aus dem Lager der Imperialisten ist leicht zu durchschauen. Zum Beispiel ist das Argument von Bernard Lewis, einem Politiker mit zionistischem Hintergrund, daß der Orientalismus eine objektive Wissenschaft sei und daher über jegliche Kritik erhaben, allzu schwach und durchsichtig, als daß man näher darauf eingehen müßte. In seiner Essaysammlung *Islam and the West*, die zur Illustration von Saids Thesen bestens geeignet ist, behauptet Lewis, der Orientalismus sei ein neutrales und unschuldiges klassisches Fach, das eine solche Spezialisierung erfahren habe, daß Außenstehende es gar nicht kritisieren könnten.[96] Außerdem habe der Orientalismus mit Politik und Macht nichts zu tun; es gebe keine Verbindung zwischen Orientalismus und Imperialismus, zwischen dem Aufkommen der Orientwissenschaften und der Eroberung Asiens und Afrikas durch die Europäer, zwischen dem Orientalismus und dem Bild des Islam als der dunklen Seite Europas. Auch an dem interdisziplinären Ansatz schien sich Lewis zu stören, kein Wunder bei einem Spezialisten, der sein Territorium verteidigt. Folgerichtig zweifelte er Saids Kompetenz an: Jemand wie Tibawi war vielleicht qualifiziert genug, um es mit Lewis aufzunehmen, aber welche Qualifikation habe Said vorzuweisen auf einem Gebiet wie den Islamwissenschaften? Dieser simplifizierenden Ansicht war auch Ernest Gellner. Gellner warf Said »billigen Gegenkolonialismus« vor.

Er selbst glaubte inbrünstig an die »Wissenschaftlichkeit« der »Sozialwissenschaften« und an das Projekt der Aufklärung. Es ist daher kaum überraschend, daß er sich an dem Orientalismusbegriff störte und ihn als erfundenes »Schreckgespenst« abtat. Orientalisten wie Bernard Lewis hingegen boten Gellners Meinung nach eine »sachliche Analyse« des Islam und anderer Kulturen. Gellners Objektivität ist offensichtlich durch und durch subjektiv, was schon daran deutlich wird, daß er mit großem Eifer auf die »guten Seiten« des Imperialismus hinwies. In einer Besprechung von Saids *Culture and Imperialism* schreibt er:

> Mobilität, Egalitarismus und freie Identitätswahl sind wesentliche Merkmale der Moderne. Sollte jemand, der diese freie Wahl der Identität zu schätzen gelernt hat, nicht etwas mehr Dankbarkeit zeigen angesichts einer Entwicklung, die diese freie Wahl um so vieles einfacher gemacht hat – selbst wenn zunächst noch ein Ungleichgewicht herrscht zwischen den alten und neuen Nutznießern der Moderne?[97]

Lewis' und Gellners kritische Haltung gegenüber Said, beschreibt Richard Fox als »eine unreflektierte Opposition, die sich weigert, von der Vorstellung einer wertfreien Wissenschaft abzurücken, obwohl diese doch genauso mythisch ist wie ein indisches Märchen.«[98]

Orientalism wirft aber tatsächlich ein Problem auf. Saids Begriff vom »Orient« ist einerseits zu eng und andererseits zu weit gefaßt. Er beschränkt sich auf den Mittleren Osten und behauptet, es handle sich um ein singuläres Phänomen, sowohl, was die Haltung des Westens, als auch, was seinen imperialistischen Diskurs angeht. Wie ich zu zeigen versucht habe, beschränkt sich der Orientalismus keineswegs auf den Islam und die Muslime. Auch andere orientalische Länder wie China, Indien, Südostasien sind betroffen. Und andererseits ist Saids Orientbegriff, der Zeit und Geschichte, Fächer und Gattungen übergreift, so weit gefaßt, daß er seinen analytischen Wert verliert.

Said wurde oft dafür kritisiert, daß er den Orientalismus als unwandelbaren, monolithischen, männlich dominierten Diskurs darstellte. Dabei zeichne sich der Orientalismus doch durch eine große Diversifiziertheit aus: Islamophobiker und Islamophile, hegemonistische Strömungen und antihegemonistische Gegenbewegungen, ausdifferenziert auch in Hinsicht auf Geschlecht, Ideologie und sexuelle Präferenz. Saids Reduktion dieser Vielfalt und Heterogenität komme einem Okzidentalismus gleich – sozusagen der umgekehrten Stereotype. In *Orientalism: History, Theory and the Arts* versucht John MacKenzie, die wahre Vielfalt und die Wandlungsfähigkeit des Orientalismus aufzuzeigen. Nach einer eingehenden Analyse von Kunst, Theater, Musik, Design und Architektur, kommt er zu dem Schluß:

> daß sich die imperialistische Kultur durch permanente Veränderung, Instabilität, Heterogenität und Durchlässigkeit auszeichnet. Man kann unmöglich so etwas wie ein »essentielles, unwandelbares Selbst« erkennen, oder den Versuch, »das Andere objektiv festzuhalten«. Westliche Kunst hat vielmehr stets versucht, fremde Einflüsse in sich aufzunehmen und sich durch den Kontakt mit anderen Traditionen zu erneuern. Das Selbst und das Andere durchliefen einen Prozeß gegenseitiger Veränderung, der manchmal langsam, manchmal rasend schnell verlief wie ein vom Eis befreiter Fluß ... die »orientalische Obsession« war ein dauerhaftes Phänomen, das sich ständig veränderte und immer wieder auf die Bedürfnisse des Zeitalters und auf die Sehnsucht nach Veränderung reagierte. Immer wieder fanden Komponisten ihre eigene Stimme, indem sie sich mit dem Exotischen auseinander setzten. Es handelt sich auch nicht um Modererscheinungen, um reines Ornament, das die westliche Formensprache unberührt ließ... die Fähigkeit zur Assimilation verdeckte häufig das Transplantat, aber es steht außer Zweifel, daß sich der künstlerische Organismus erneuerte und sich durch Berührung mit dem Anderen wandelte.[99]

Einerseits war der Orientalismus also vielfältig, heterogen und durchlässig, andererseits beschrieb er den Orient als eine unwandelbare Realität. Aber ist das denn ein Widerspruch? Auch der Islam hat eine einzige Weltsicht, die auf *Tawheed* basiert, der Vorstellung eines einzigen, allmächtigen Gottes. Und trotzdem brachte diese Weltsicht eine Vielfalt an Traditionen, Gebräuchen und Lebensstilen hervor. Und ist denn Vielfalt und Komplexität ein Schutz gegen die arrogante Art des Westens, sich weit über den Orient zu stellen? MacKenzie schreibt: »Der Orientalismus war unendlich proteisch, legte ebenso oft Bewunderung und Ehrfurcht an den Tag, wie er sich durch Verunglimpfung und Herabwürdigung auszeichnete.«[100] Auch dies muß kein Gegensatz sein, denn man kann von etwas fasziniert sein und es gleichzeitig herabwürdigen. Ein Pädophiler bewundert und verehrt ein Kind, bevor er es erniedrigt! MacKenzie baut einen künstlichen Dualismus auf, der auf einer Entweder-Oder-Logik beruht. Doch das Phänomen des Orientalismus ist so komplex, daß es durchaus beides geben konnte und geben kann: Vielfalt, der eine Urerzählung zugrunde liegt.

Wenn es stimmt, wie Said sagt, daß der Orientalismus lediglich eine Repräsentation ist, die wenig mit dem »realen Orient« zu tun hat, wie war es dann möglich, daß diese fiktive Konstruktion in den Dienst eines realen Imperialismus, einer realen Kolonialmacht gestellt werden konnte, die fremde Länder besetzte und ihnen ihre Verwaltung aufzwang? Young bemerkt dazu:

> Dies heißt nichts anderes, als daß der Orientalismus irgendwann auf »tatsächliche« Verhältnisse stieß und sich auf einer materiellen Ebene als effektives Instrument für Machtausübung und Kontrolle erwies. Wie also kann Said behaupten, der »Orient« sei lediglich eine Repräsentation, wenn er doch gleichzeitig argumentiert, der »Orientalismus« stelle das Wissen für koloniale Machtausübung zur Verfügung?[101]

Ist Repräsentation gleichbedeutend mit falscher Darstellung? Wenn Repräsentation einen wahren Kern enthalten kann, wie

Said manchmal impliziert, dann stellt sich die Frage, die Dennis Porter wie folgt formuliert hat: »Wie läßt sich dies auf der Basis einer radikalen Diskurstheorie rechtfertigen, nach deren Voraussetzung es unmöglich ist, sich durch einen freien Willens- oder Bewußtseinsakt außerhalb dieses Diskurses zu stellen?« Dieser »fundamentale Widerspruch« bleibt in *Orientalism* ungelöst, wie Porter glaubt, »auf Grund der Unvereinbarkeit von Saids Vorbildern Foucault und Gramsci, von Diskurs- und Hegemonietheorie.«[102] Um von Hegemonie sprechen zu können, muß man davon ausgehen, daß es so etwas wie einen historischen Prozeß gibt, »in konkreten historischen Bedingungen, eine sich verändernde Sphäre eines superstrukturellen Konflikts, in dem Machtbeziehungen permanent erneuert, in Frage gestellt und modifiziert werden« – und dies ist eine Vorstellung, die in »Saids Buch vollkommen fehlt«.[103] Dies sei der Grund, warum Said behaupten könne,

> daß es einen direkten Zusammenhang gebe zwischen der Art, wie Griechenland unter Alexander dem Großen und die Vereinigten Staaten unter Jimmy Carter dargestellt werden, eine Behauptung, die einerseits Geschichte ad absurdum zu führen scheint und sie andererseits heraufbeschwört im Kontext von imperialer Macht bzw. imperialem Wissen. Folglich ist die Diskurstheorie einer der Gründe, warum Said keinerlei Alternativen zum Orientalismus vorschlagen kann, weil sie verhindert, daß er überhaupt nach Alternativen in der Vergangenheit sucht. Und indem er nicht über Hegemonie als Prozeß nachdenkt, kennt er auch die gegenhegemonialen Ansätze in der westlichen Wissenschaft und Literatur nicht. (...) Daraus ergeben sich schwerwiegende Konsequenzen. Durch die Tatsache, daß er solche Bemühungen und Beiträge nicht in Betracht zieht, läuft er Gefahr, dem Okzidentalismus das Wort zu reden. Und außerdem trägt er dazu bei, daß sich das orientalistische Denken, das er doch ursprünglich entmystifizieren wollte, weiterhin behaupten kann.[104]

Der Fehler des Orientalismus, argumentiert Said, sei sowohl menschlicher, als auch intellektueller Natur gewesen. Da er sich in Opposition zu einer Region stellen mußte, die er als sich selbst fremd betrachtete, hätten die Orientalisten gar nicht gesehen, daß es hier um menschliche Erfahrungen geht.[105] Doch auch die Idee von »menschlich«, die Said heraufbeschwört, ist Teil der Tradition, die den Orientalismus überhaupt erst hervorgebracht hat. Young bemerkt:

> Sie entstammt der gleichen Kultur, die nicht nur den inhumanen Orientalismus konstruierte, sondern auch – Said weist selbst darauf hin – die rassistische Theorie von der Überlegenheit des »weißen Mannes«, dessen Rhetorik vom »Humanismus der Hochkultur« à la Arnold sich durch die Abgrenzung gegen die intellektuelle und kulturelle Verdorbenheit der Kolonien definierte.[106]

Young ist der Ansicht, daß Said diese Komplexität nicht wahrhaben will. Aijaz Ahmad bemerkt, Said berufe sich auf das Ideal humanistischer Werte »in einer Zeit, da der Humanismus-als-Geschichte unisono abgelehnt wird.«[107] Saids paradoxe Beziehung zur humanistischen Tradition des Westens führt zu seltsamen Widersprüchen. Wie Ahmad schreibt, geht Said davon aus:

1. daß es eine einheitliche europäische/westliche Identität gibt, die den Ausgangspunkt der Geschichte bildet und sie durch ihr Denken und ihre Texte geformt hat.
2. daß diese Geschichte der europäischen Identität und des europäischen Denkens vom antiken Griechenland bis zum Ende des neunzehnten beziehungsweise zum Beginn des zwanzigsten Jahrhunderts reicht und sich in bestimmten Werten manifestiert, die grundsätzlich unveränderlich sind.
3. daß sich diese Geschichte in den Werken, die sie hervorgebracht hat, wiederspiegelt, sich also gedanklich rekonstruieren läßt. Said redet einer idealistischen Metaphysik das

Wort, obwohl er doch die Großartigkeit einiger dieser »großen Werke« anzweifelt. Mit anderen Worten: Er reproduziert all diese Verfahrensweisen, während er gleichzeitig die Tradition entzaubert, aus der er sie entnommen hat.[108]

Häufig wird gegen *Orientalism* der Einwand erhoben, es zeige keine Alternative zu dem Diskurs auf, den es kritisiert. Said sieht aber keinen Grund, eine Alternative anzubieten: »Die allgemeinen, essentialistischen Paradigmen, die die Grundlage für das Wissen über ›den Orient‹ bilden, sind auch die Grundlagen für ›den Orient‹ als Objekt selbst – würde man eine Alternative zum Orientalismus anbieten, würde man eingestehen, daß es diesen umstrittenen Gegenstand gibt.«[109] Said weist nachdrücklich darauf hin, daß das Objekt (der Orient) das Subjekt (die Orientalisten) nicht dadurch in Frage stellen kann, daß es alternative Modelle anbietet. »Da«, wie Michael Richardson bemerkt, »das Objekt gar nicht existiert, sondern nur eine Vorstellung des Subjekts ist, kann sich ersteres auch nicht gegen letzteres wenden.« Für das Subjekt besteht der einzige Ausweg aus dieser Sackgasse darin, das Objekt getreuer darzustellen. Aber wie soll das gehen? Durch Darstellungen, die Saids eigenem Verständnis widersprechen? »Mit welchem Recht spielt Said sich zum Repräsentanten des Orient auf? Dadurch begibt er sich in eine Position, deren Grundlage genau der Diskurs ist, den er kritisiert.«[110] Said gibt also Lippenbekenntnisse für Alternativdiskurse wie den Feminismus oder die Minderheitenforschung ab, mit denen er doch gar nichts anfangen kann.

Für Said kann es schon deshalb keine Alternative zum Orientalismus geben, weil es zum säkularen Humanismus keine Alternative gibt. Said erkennt nur eine Kultur an: die europäische Hochkultur. In ihr sei der Keim für Widerstand und Befreiung bereits angelegt. Saids überzieht alles Nicht-Westliche mit ebenso großem Haß wie die Orientalisten alles Orientalische. In seinem Buch über Palästina, das selbst seine schärfsten Kritiker hochgelobt haben, ist seine dezidierte Abneigung gegen den Islam und seine Kultur offensichtlich. Saids Darstellung der Muslime unterscheidet sich kaum von der der Orientalisten. In *The Politics of Disposession* werden gläubige Muslime als »traditionell« abgetan – schon in dem Wort schwingt ein abschätziges Urteil mit –, als simpel, emotional, angepaßt. Die »58 Millionen Ägypter«, teilt Said uns mit, »greifen heutzutage wieder auf die einfachen Muster islamischer Konformität zurück« und suchen »emotionalen Trost« in ihrer Religion.[111] Daß Religion den Menschen wirklich etwas bedeuten kann, daß sie genau so rational sein kann wie der Humanismus, ist für Said eine vollkommen absurde Vorstellung. Es fällt ihm nichts Besseres ein, als eine klassische europäische Darstellung wiederaufzugreifen: die des Orientalen als eines kindlichen Wesens, das sich allein von emotionalen Bedürfnissen leiten läßt. In Saids Vorstellung ist kein Platz für Alternativen, in seiner Welt ist kein Platz für den Islam oder für Muslime. Während der Islam für Said lediglich ein Hirngespinst ist, »ein Willensakt, eine Interpretation«[112], erscheint ihm der Humanismus als etwas Reales, etwas Konkretes.

Dies ist auch der Grund, warum in *Orientalism* die Idee des Widerstands so auffallend fehlt. Der orientalische Rezipient dieses Diskurses ist nämlich passiv und stumm – ein Punkt, den Said in *Orientalism Reconsidered*[113] unermüdlich wiederholt. Auch im Westen gibt es keinen internen Widerstand gegen den Diskurs des Orientalismus. Ich würde sogar behaupten, daß Said einem Eurozentrismus das Wort redet und seine Orientalismuskonstruktion das Projekt der Säkularisierung weiter vorantreibt. Dabei ist seine Kritik ebenso ein »Denkstil« mit bestimmten ontologischen und epistomologischen Prämissen wie die Unterscheidung zwischen »Orient« und »Okzident«, die er als Hauptmerkmal des Orientalismus ansieht. Said führt einen neuen binären Dualismus ein, der aus der »säkularen« Welt – dem Okzident – und der »religiösen« Welt – dem Orient besteht. In dieser Konstruktion, spiegelt sich Salman Rushdies Gegensatzpaar »Licht der Säkularität« und »Dunkel der Religion«. »Die säkulare Welt – unsere Welt«, schreibt er, »bietet uns die Möglichkeit, einen Sinn für Geschichte, humane Werte und eine ›gesunde Skepsis‹ zu entwickeln gegenüber ›offiziellen Kulturikonen‹.«[114] Religion hingegen sei reiner Aberglaube, behindere das Denken und lassen nur Erklärungen zu, »die den Autoritäten genehm sind und ihre Zustimmung finden.« Dies ist nicht nur eine der Aufklärung verhaftete Betrachtungsweise von Religion, sondern auch eine orientalistische Konstruktion des Islam, weil sie der islamischen Kultur Autoritätsgläubigkeit unterstellt. Durch diese Art von autoritärer Ideologie habe der Mensch mehr Gewalt erleiden müssen, mehr Konflikte und größere Unterdrükkung erlebt, als durch irgendetwas sonst. Religionskriege seien der Grund für unzählige Tragödien. Diese unkritische Betrachtungsweise von Religion ist nicht nur irreführend, sondern verrät auch ein erschreckendes Maß an Ignoranz. Rein statistisch gesehen haben säkulare Ideologien wie der Faschismus, der Marxismus, der Stalinismus, der Maoismus, der Pol-Potismus, der Nationalismus, die instrumentalisierte Vernunft, die Moderne, die Fortschrittsgläubigkeit usw. ein Ausmaß von Gewalt mit sich gebracht, das alles, was Religionen angerichtet haben mögen, bei weitem übertrifft. Said präsentiert den »islamischen Fundamentalismus« als ein ahistorisches Phänomen und überträgt es dann in unzulässiger Verallgemeinerung auf den Islam. Seine romantische Vorstellung von der westlichen Hochkultur macht ihn nicht nur blind gegenüber der Tatsache, daß der Orientalismus ebenso wie der Kolonialismus die westliche Zivilisation selbst zerstört und entmenschlicht hat – ein Punkt, auf den Djait eloquent hingewiesen hat –, sondern daß der Humanismus auch ein inhärenter Bestandteil der islamischen Weltsicht ist. Wie George Makdisi so brillant gezeigt hat, ist der Humanismus im Islam tief verwurzelt.[115] In Europa entwickelte sich diese Idee überhaupt erst im zwölften Jahrhundert, nachdem man mit den Lehren des Islam in Berührung gekommen war. Said weigert sich nicht nur, diese geschichtliche Tatsache anzuerkennen, er gesteht dem Islam nicht einmal zu, für sich selbst zu sprechen. Statt dessen präsentiert er seine eigene Konstruktion des Islam, die nichts weiter ist als eine groteske Parodie.

Dies führt uns zurück zur Frage der »intellektuellen Kompetenz«, die Said höher einschätzt als »Wahrheit oder Freiheit«.[116] Saids Darstellung des Islam offenbart gravierende Wissenslücken in allen Bereichen: in islamischer Geschichte und Spiritualität, in islamischer Theorie und Wissenschaft, ganz zu schweigen davon, daß er die große Anzahl von muslimischen Studien, die zum Widerstand aufrufen und Alternativen anbieten, gar nicht zur Kenntnis nimmt. Aber es geht gar nicht so sehr um Saids Ignoranz. Es geht vielmehr darum, daß Saids Diskurs das Recht der Betroffenen auf Selbstrepräsentation in Abrede stellt. Oder in den Worten von Bruce Robbins: Professionelle Wissenschaft ist »seiner inneren Logik nach elitär und undemokratisch« und »verweigert den Unterdrückten jegliches Recht auf Selbstdarstellung. Sie erlaubt es selbst ernannten Profis, ein Wissensmonopol zu errichten und erniedrigende Darstellungen zu verbreiten, die mächtigen Gruppierungen nützlich sind, ohne daß ein Widerspruch möglich wäre.« Wissenschaftliche Karrieren entstehen nicht dadurch, daß man diejenigen repräsentiert, die sich nicht selbst repräsentieren können, sondern dadurch, daß man »die Nicht-Repräsentierten daran hindert, sich selbst zu repräsentieren. Statt die Unterdrückten zu Wort kommen zu lassen, spielen sich diese Leute zum Fürsprecher der Unterdrückten auf.«[117]

Wir haben die derzeit einflußreichste Theorie und Orientalismusdefinition in die orientalistische Tradition selbst eingeordnet. Nun stellt sich die Frage, ob der Orientalismus in Theorie oder Praxis überhaupt noch existiert. Saids Definition ist nur eine unter vielen; und sein Ansatz für eine Orientalismustheorie wird immer angreifbar bleiben. Sein Ansatz ändert kaum etwas an der heutigen Theorie und Praxis. Er reiht sich ganz im Gegenteil nahtlos in die Traditionslinie ein, die im Mittelalter ihren Ursprung hat.

DIE HEUTIGE PRAXIS

Es ist heute üblich, das Mittelalter als ferne Epoche zu betrachten. Dieser Automatismus geht auf die Aufklärung zurück. Dabei ist gerade die Aufklärung von mittelalterlichen Vorstellungen geprägt, so unpopulär diese Erkenntnis auch sein mag.[118] In ihrem Bestreben, sich von mittelalterlichen Denkweisen und Glaubenssystemen zu befreien, spalteten die Denker der Aufklärung all das, was sie mit ihrer Vorstellung von Fortschritt nicht vereinbaren konnten, von sich ab und schrieben es einem Mittelalter zu, das sie als minderwertig konstruierten. Noch minderwertiger war in ihren Augen der Orient. Sowohl das Mittelalter, als auch der Orient waren für diese Denkoperation nützlich. Dies ist auch der Grund, warum das Mittelalter auch heute noch einen schlechten Ruf genießt. Dabei ist diese Trennung reines Wunschdenken, weil viele mittelalterlichen Vorstellungen nach wie vor die westliche Psyche prägen. Das, was man »moderne Wissenschaft« nennt, ist lediglich eine Reformulierung und Überarbeitung dieser Vorstellungen. Dies ist die Quintessenz, die man aus der Erforschung des Orientalismus ziehen kann. Die permanente Wechselwirkung zwischen Ideen bedeutet nämlich auch, daß vieles übernommen wurde und sich über Jahrhunderte erhalten hat. Der Orientalismus erscheint in diesem Licht als ein unverzichtbarer Teil der westlichen Ideengeschichte und betrifft das ganze Spektrum der Wissenschaft.

Die Moderne selbst benutzt Elemente und Techniken des Orientalismus, um die Vorherrschaft westlichen Denkens zu sichern. Man kann in der Moderne auch einen vom Westen errichteten Maßstab sehen, an dem der ganze Orient einschließlich Indien und Asien gemessen wird. Die Moderne ist ein Begriff, der den westlichen Fortschritt als historischen Prozeß auf den Punkt bringt. Sie bietet eine Definition, mit der sich der Orient als rückschrittlich einstufen läßt. Zwar nimmt die Spezialisierung der Wissenschaft weiter zu und bringt immer mehr Neologismen hervor, aber auch die veränderte Terminologie kann darüber nicht hinwegtäuschen. Marshall und Williams bemerken: »Viele journalistische Klischees, zum Beispiel die Behauptung, der Hinduismus sei ein Hindernis für den ›Fortschritt‹, haben ihren Ursprung im achtzehnten Jahrhundert.«[119] Gleiches gilt für alle anderen Regionen des Orients. Moderne und Fortschritt sind Begriffe der westlichen Welt und dienen als Vergleichsmaßstab für alle anderen. Dabei ist der Westen das einzig akzeptierte Modell. Wenn der Westen von Modernität spricht, benutzt er die Sprache der Wirtschafts-, Sozial- und Politikwissenschaften. Die Definitionen, die dabei herauskommen, sind geprägt vom Missionseifer und Herrschaftsinstinkt der Zeit, in der der Westen den Orient physisch und intellektuell unterjocht hatte.

ORIENTALISMUS IN DER MODERNEN WISSENSCHAFT

Der Orient ist ein Teil der westlichen Ideengeschichte. Die Orientwissenschaften passen sich Veränderungen in der Sprache an. Der neueste Trend besteht darin, den Orient »besser« und »moderner« machen zu wollen. Dieser neue Ansatz zeigt sich in Werken wie *Islam in the Modern World*[120] von W. Cantwell Smith und *Modern Trends in Islam*[121] von H. A. R. Gibb und *Islam and the West*[122] von Philip K. Hitti. In all diesen Texten ist die Moderne der Maßstab, an dem der Orient gemessen wird. Die Fragen, die von den Orientalisten gestellt werden, strotzen geradezu vor Eurozentrismus. Die Grundlagen des Orientalismus sind gleich geblieben, nur der Ton hat sich geändert: Er ist nun milde und höflich. Die neue These ist im Grunde nur eine Umformulierung der alten: Der Islam ist inkompatibel mit der modernen Welt. Um diese These zu stützen, versucht man nachzuweisen, daß der Islam im Vergleich mit der Moderne minderwertig sei. Um ihren Argumenten wenigstens den Anschein von Glaubwürdigkeit zu verleihen, sind die Orientalisten häufig dazu gezwungen, die Realität auf den Kopf zu stellen. Vielleicht können sie auch gar nicht anders, als die Realität verdreht wahrzunehmen, weil die Annahmen, die ihren Methoden zu Grunde lagen, tief mit den alten orientalistischen Denkweisen verwurzelt sind. W. Cantwell Smith beschreibt die Anhänger der *Ikhwan al Muslimun* (die muslimische Brüderschaft) in Ägypten als emotional zurückgeblieben, getrieben vom »Haß, der Frustration, der Eitelkeit und dem zerstörerischen Zorn der Menschen, die schon seit langem an Armut, Ohnmacht und Angst leiden.« Die »moderne Welt ist zu viel für sie«, und das Anliegen dieser Bruderschaft ist es nicht, »Probleme zu lösen, sondern diejenigen zu vergiften, die nicht länger ertragen können, daß sie ungelöst bleiben.«[123] Ob in diesem Befund, der als akademische Untersuchung präsentiert wird, ein Körnchen Wahrheit steckt, ist ziemlich unerheblich angesichts der Tatsache, daß er insgesamt eine Verleumdung darstellt. Zu den Mitgliedern der muslimschen Brüderschaft zählen einige der respektiertesten muslimischen Gelehrten unserer Zeit: Syed Qutb, Abdul Qadir Oudah, Mustafa al-Sabai und Abdul Aziz al-Badri – alles Männer, denen Smith intellektuell nicht das Wasser reichen kann. Und auch die einfachen Mitglieder der Brüderschaft waren – und sind – keine ungebildeten Idioten, die die moderne Welt nicht begreifen, sondern Wissenschaftler, Ingenieure, Ärzte u. ä. Wenn die Bruderschaft eine große Anhängerschaft fand, dann auf Grund ihrer Politik und Programme. Es sei nur darauf hingewiesen, daß Smith über Gamal Abd-al Nasser kein Wort verlor, als dieser Qutb und andere Mitglieder der Brüderschaft verfolgen und hinrichten ließ. Ganz im Gegenteil: Er hielt Nassers Politik für richtig, weil sie den Nationalismus stärke und die Säkularisierung vorantreibe. Um ihre These, der Islam sei inkompatibel mit der Moderne, aufrechterhalten zu können, mußten die

Orientalisten die Geschichte zu großen Teilen umschreiben. Wie sich herausstellte, war dies eine negative Variante der »whig history«. Den Grund für den Niedergang des Islam sah man in dem vermeintlichen Unvermögen, sich zu modernisieren. Philip Hittis Arbeiten, die in diese Richtung gehen, waren in den fünfziger und sechziger Jahren Standardwerke. In seinem Buch *Islam and the West* stellte er den Propheten Mohammed als Betrüger dar und den Koran als einen wirren Text, der sich auf christliche, jüdische und heidnische Quellen stütze. Und mit seiner Behauptung, der Islam habe für die Menschheit keinerlei Beitrag geleistet, abgesehen natürlich von dem berühmten Buch *Tausendundeinenacht*, reihte er sich in die jahrhundertealte Tradition ein. Exotische Pracht galt nicht als das Ergebnis kreativen Fleißes, sondern als übertriebener Luxus und exzessive Verschwendung einer Hofgesellschaft, die alles Geld für Konkubinen und singende Mädchen verschleuderte. Kleinere wissenschaftliche Entdeckungen dürften nicht darüber hinweg täuschen, daß der Islam gleich bedeutend sei mit Ignoranz und intellektuellem Stillstand.

Während Säkularisten wie Smith und Hitti direkt zu beweisen versuchten, daß der Islam in der Moderne keine Rolle spiele und nur eine Säkularisierung die Muslime vor dem Vergessen bewahren könne, zogen christliche Orientalisten wie Kenneth Cragg und Norman Anderson eine alte These aus der Mottenkiste: Das Christentum habe sich selbst erneuert; und wenn der Islam diesem Beispiel nicht folge, werde er bald in Vergessenheit geraten. In diesen intellektuellen Kreisen bestand Konsens darüber, daß Europa vierzehn Jahrhunderte gebraucht hatte, um eine intellektuelle Gärung zu erzeugen, aus der die Reformation hervorgehen konnte. Der islamische Kalender hat nun das Jahr 1400 erreicht, also sei der Islam ebenfalls reif für eine Reformation. Dahinter verbirgt sich wieder einmal die These, es gebe nur ein Modell, nur einen Zeitfahrplan und keine Alternativen: Alle Kulturen müssen dem Weg folgen, den der Westen vorgegeben hat. Kenneth Cragg, dessen akademische Karriere dem Versuch gewidmet war, die Unterlegenheit des Islam gegenüber dem Christentum zu beweisen, ging sogar so weit zu behaupten, die einzige Rettung für die Muslime bestehe darin, den Islam zu christianisieren. Der Islam sei dem Christentum unterlegen:

1. weil ihm die Vorstellung von der Erlösung von dem Bösen fehle. Statt dessen versuche der Islam, das Böse gewaltsam einzudämmen oder auszulöschen.
2. weil es die Grenzen zwischen dem Sakralen und Profanen vermische, werde aus dem Islam ein politischer Glaube. Im Christentum greife Gott in seiner Gnade in die sündige Welt der Menschen ein… Der Islam hingegen richte sich an die Gemeinschaft und nicht an das Individuum selbst.
3. durch eine Lockerung des Glaubenseifer seien zwar dem Zweifel und der Sünde Tor und Tür geöffnet worden, doch gerade dies habe sich als eine Stärke des Christentums erwiesen. Im Gegensatz dazu lasse der Islam keinen Platz für Zweifel und Gott könne nicht befragt werden. Daher sei der Islam unfähig, sich der Moderne anzupassen. Wenn es jedoch gelänge, den Islam in dieser Hinsicht zu christianisieren, würde die Menschheit durch die Mysterien des Zweifels und der Sünde Gott viel näher kommen.
4. indem die Propheten des Alten Testament »sich bis zur letzten Konsequenz der Tragödie des menschlich Bösen« ausgeliefert hätten, böten sie ein Beispiel dafür, was Prophetentum wirklich bedeute. Der Prophet des Islam sei von ganz anderem Schlag gewesen. Daher müßten die Lehren des Koran durch die christliche Botschaft ersetzt werden.[124]

Norman Anderson argumentierte, daß Muslime Gott gar nicht lieben können. Als Beweis führt er an, daß im Islam »liebend« und »Liebender« keine Attribute Gottes seien! Der Koran sei keine »befriedigende Offenbarung« Gottes; daher müßten die Muslime sich Jesus zuwenden. Außerdem würden Muslime ihren Gott gar nicht kennen. Auch wenn ein Muslim den Koran als Offenbarung Gottes akzeptiere, bringe ihn das Gott nicht wirklich näher – auch hier sei Jesus die Antwort.[125]

Abgesehen von der Tatsache, daß all dies überheblicher Nonsens ist, übersehen Cragg und Anderson den wichtigsten Punkt: Islam ist nicht Christentum. Wenn man den Islam nach den Vorgaben christlicher Theologie erforscht, wird man natürlich auf Leerstellen stoßen. Aber dies sagt nichts über den Islam aus, sondern bestätigt nur die Vorurteile derer, die diesen Ansatz verfolgen. Daß der Islam anders ist, aber trotzdem viele der Werte vertritt, die das Christentum ausmachen, ist ein Gedanke, den Orientalisten kaum je verfolgen. Daß diese andere Art, diese unterschiedliche Vorstellung kein Hindernis für Gottesliebe, Gottesglauben und Gottesvertrauen darstellt, geht über die Vorstellungskraft westlicher Autoren hinaus. Muslime jedoch leben diese Wahrheit jeden Tag. Im Christentum ist Jesus, der Fleisch gewordene Sohn Gottes, der Vermittler von Gottes Gnade; Glaube und Gnade sind die beiden Säulen christlichen Denkens. Auch für den Islam ist die Allgegenwart von Gottes Gnade und Vergebung ein zentraler Punkt, nur zeigt sich diese Gnade im Individuum. Jeder Muslim hat eine direkte, unmittelbare Beziehung zu Gott. Die Schriften dieser modernen Orientalisten beweisen wieder einmal, daß es der westlichen Wissenschaft nie um ein größeres gegenseitiges Verständnis zu tun war. Es war nie das Ziel, den Islam oder andere Aspekte des Orient aus seinen Voraussetzungen heraus zu verstehen.

Der wissenschaftliche Orientalismus der fünfziger und sechziger Jahre, für den Smith, Hitti und Cragg als stellvertretende Beispiele stehen, weist einige Aspekte auf, die einen Dialog dennoch hätten möglich machen können. Und tatsächlich haben Muslime versucht, dadurch in einen Dialog mit diesen Wissenschaftlern zu treten, daß sie sie auf ihre Prämissen aufmerksam machten. Anfang der siebziger Jahre aber erlebten diese Bemühungen einen schweren Rückschlag.

Damals erlebten die muslimischen Gesellschaften eine kulturelle Renaissance. Es war die Zeit der OPEC und der Revolution im Iran. Beides erlebte der Westen als Bedrohung seiner Vorherrschaft. Plötzlich war der Islam zurückgekehrt, und zwar in seiner »militanten« Form. Er war »radikal« und »aufrührerisch« geworden, der »Fundamentalismus lebte wieder auf.« Dabei spielte es keine Rolle, daß der Islam in der Epoche der Kolonialismus, in all den »Entwicklungsjahrzehnten« nie verschwunden gewesen war. Das alte Gespenst des Islam als einer gefährlichen, monolithischen Kraft tauchte wieder auf, das Bild der Muslime als »fanatisch« und »irrational« setzte sich erneut in den Köpfen fest. Die Ansicht von Hardcore-Orientalisten, daß Muslime irgendwie geistesgestört seien, und daß die Wurzeln für diese Störung in ihrer barbarischen Religion lägen, kehrte mit voller Wucht zurück. Der Orientalismus, der als akademisches Fach vor allem einem linguistischen und historischen Ansatz gefolgt war, ging nun eine Verbindung mit Politikwissenschaft und Soziologie ein und brachte eine neue Variante seiner selbst hervor.

Die siebziger und achtziger Jahre sind zweifellos eine Blütezeit des Orientalismus. Kein anderes Jahrzehnt des zwanzigsten Jahrhunderts brachte eine solche Vielzahl von populärwissenschaftlichen, aber auch wissenschaftlichen Attacken gegen den Islam und die muslimische Welt hervor. *Hagarism: the Making of the Islamic World*[126] von Patricia Crone und Michael Cook, *Muhammad*[127] von Michael Cook und *In the Path of God: Islam and Political Power*[128] von Daniel Pipes sind nur drei, wenn auch repräsentative Texte aus dieser Zeit und zeigen die ganze Bandbreite des modernen Orientalismus. Das Buch *Hagarism* basiert auf einem Dokument namens *Doctrina Iacobi*, das »aller Wahrscheinlichkeit nach« im siebzehnten Jahrhundert von jüdischen Rabbinern geschrieben wurde. Darin wird nichts weniger versucht als ein Frontalangriff auf den Islam. Es erinnert in hohem Maße an all die »Vedams« und »Shastahs«, die im achtzehnten Jahrhundert aufgetaucht waren, um eine bestimmte Interpretation des Hinduismus zu rechtfertigen. *Hagarism* liegt die These zu Grunde, daß am Islam überhaupt nichts Islamisches sei; der Islam sei vielmehr eine barbarische Verschwörung jüdischen Ursprungs. Crone und Cook nehmen eine eurozentristische Haltung höchst extremer Natur ein und propagieren, man könne kein einziges Wort aus der Feder eines Muslimen als Beweis gelten lassen. Ihre Art von Orientalismus schreckt nicht einmal vor der absurden These zurück, daß nur Nicht-Muslime authentisch über Muslime schreiben könnten. Ihre Thesen sind Orientalismus in Reinkultur: Aus der Tatsache, daß der Prophet Mohammed und seine Anhänger von Mekka nach Medina zogen, schließen sie, daß damit die jüdische Idee des Exodus aufgegriffen worden sei. Aus der Tatsache, daß es bei Muslimen das Ritual der Beschneidung gibt, leiten sie ab, daß es auf den jüdischen Glauben zurückgehe. Crone und Cook kommen zu dem triumphalen Schluß, der Islam sei ein Amalgam aus den Texten, der Theologie und den Ritualen des Judentums. Welche Beweise haben Crone und Cook abgesehen von der dubiosen *Doctrina Iacobi*? Die Anwort lautet: keine. Alles ist »wahrscheinlich«, immerzu gibt es Gründe (die nie genannt werden) »zu der Vermutung«, oder »Anhaltspunkte«. Die Argumente, die in *Hagarism* vorgebracht werden, lassen sich folgendermaßen zusammenfassen: Da die Juden früher vor Kälte zitterten, ab und zu niesen mußten und sich erkälteten, und da die frühen Muslime ebenfalls vor Kälte zitterten, ab und zu niesen mußten und sich ebenfalls eine Art Grippe holen, müssen Muslime ursprünglich Juden gewesen sein. Angesichts von Crones und Cooks Ignoranz war Leonard Binder vollkommen sprachlos. Es gibt »keine Kritik am Islam, die feindseliger wäre als die namens Hagarismus«, schrieb er und fuhr dann fort:

> Das durchgängige Thema dieses Werks ist, daß der Islam sowohl als Religion als auch als Kultur mit großen Mängeln behaftet sei. Praktisch jeder nur denkbare Aspekt des Islam

wird entweder direkt oder indirekt kritisiert. Demnach ist der Hagarismus primitiv, heidnisch, widersprüchlich, emporkömmlerisch und barbarisch. Der Islam wird beschrieben als »obskur und inkonsequent, in Sprache wie Inhalt.« Mekka habe nur eine »zweitrangige« Bedeutung. Der offizielle Todestag des Propheten, die orthodoxe Rolle Umars und die Historizität von Hasan und Husain werden angezweifelt. Für Judentum und Islam gelte gleichermaßen das rabbinische Gesetz und der pharisäische Geist, aber »beim Judentum ist die andere Seite der Medaille die messianische Hoffnung, während es im Islam die sufitische Resignation ist.« Die Synthese aus jüdischen Werten und arabischem Barbarentum wird als »Verschwörung« dargestellt, die der hagarischen Doktrin »das Überleben sicherte« und »in der eroberten Gesellschaft für Ruhe sorgte.«[129]

Der Islam sei gekennzeichnet durch ein »ethisches Vakuum«, intellektuelle Schlichtheit, Uniformität, Fanatismus und Barbarei auf allen Ebenen: religiös, politisch und physisch. Warum um alles in der Welt, fragte Binder vollkommen konsterniert:

> glaubt überhaupt jemand an den Islam? Die Anziehungskraft, die der Islam ausübe, sei »verblüffend«, schreiben Crone und Cook in einer der erstaunlichsten Passagen dieses erstaunlichen Buches. Als Antworten führen sie an, daß der Islam trotz seiner zahlreichen Mängel in der »Welt der Menschen und in ihren Familien« eine große Anziehungskraft ausübe. »Die öffentliche Ordnung der islamischen Gesellschaft ist vor lange Zeit zusammengebrochen ..., aber der muslimische Haushalt trägt seine *qibla* in sich.« Crone und Cook sprechen also dem Islam ab, was alle anderen als seinen Wesenskern betrachten. Sie bezeichnen alles, was daran öffentlich und politisch ist, als reine Illusion. Die islamische Zivilisation ist daher gekennzeichnet durch absolute Differenz, ein Chaos aus unzusammenhängenden Atomen ohne Struktur und Ordnung.[130]

In *Muhammad* versucht Michael Cook, der Koautor von *Hagarism*, ein Bild von Humphrey Prideaux, das dieser im siebzehnten Jahrhundert malte, nachzuzeichnen: *The True Nature of the Impostor Fully Displayed in the Life of Mahomet*. Trotz des Titels sind dem Propheten Mohammed nur dreizehn Seiten gewidmet, der Rest besteht aus den üblichen Halbwahrheiten, Verzerrungen, Lügengeschichten und rassistischen Bemerkungen. Das meiste Material, das Cook benutzt, findet man nach seinen eigenen Worten nicht in den authentischen Quellen: »Die komplexen narrativen Traditionen, um die es hier geht, stehen nicht im Koran.« Wo stehen sie dann? Cook sagt es uns nicht. Am Ende haben wir eine seltsame genealogische »Heiligengeschichte«, die – und das ist wenig überraschend – »nach biblischem Standard eher klischeehaft ist.«[131]

Während Crone und Cook die Existenz des Islam selbst leugnen und ihn als eine jüdisch-christliche Verschwörung darstellen, meint Daniel Pipes, daß allein die Existenz von Muslimen eine Bedrohung für den Westen bedeute. Seine zentrale These in *In the Path of God* lautet: Das »Come-back des Islam« ist eine Folge des Ölbooms. Maßgeblich beteiligt daran sind Saudi Arabien und Libyen, ihr Hauptverbündeter ist die Sowjetunion. Das Ziel bestehe darin, den Westen vollkommen zu zerstören. Damit nimmt er die alte These des Welterterrors von Francis Bacon wieder auf. Wir erfahren, daß die bloße Tatsache, ein Muslim zu sein, weit reichende politische Konsequenzen habe. Wären die Iraner Buddhisten gewesen, wäre der Schah nicht gestürzt worden. Wäre der Libanon rein christlich, wäre es nie zum Bürgerkrieg gekommen. Wären Israels Nachbarn keine Muslime, hätten die Israelis eine Staatsgründung akzeptiert. Der Orientalismus mit all seinen Bildern, Worten und Beleidigungen kommt wieder zum Vorschein, diesmal im Gewand von Politik und fanatischem Rassismus, der als Wissenschaft präsentiert wird. In dem fremdenfeindlichen Diskurs des Orientalismus ist es nicht immer leicht, zwischen Wissenschaft und Schmährede zu unterscheiden.

Auch die journalistische Massenliteratur, die in den siebziger und achtziger Jahren veröffentlicht wurde, folgt dieser Argumentation. Ein repräsentatives Beispiel ist John Laffins *The Dagger of Islam*[132], in dem der Autor meint, den Westen von der durch und durch gewalttätigen Natur des Islam und der muslimischen Welt warnen zu müssen. Der »dämonische Charakter« des Islam beruhe auf den lächerlichen Doktrinen des Korans selbst. Der Muslim habe keinen Intellekt, sei unfähig zu abstraktem Denken und anders als ein Christ ungeübt in der Kunst der »Kontemplation«. Die muslimische Kultur verdanke jegliche Höherentwicklung den Völkern, denen sie unterworfen war. Die »brutale« und »unterdrückende« Natur des Islam, sagt Laffin, habe mit dem »rachsüchtigen« und »gewalttätigen« Verhalten des Propheten Mohammed selbst zu tun. Mohammed sei ein skrupelloser Opportunist gewesen, für den der Zweck alle Mittel geheiligt habe und dessen Kardinalfehler es gewesen sei, politisch zu sein. Und so weiter.

Diese Argumentation gipfelte in Francis Fukaymas These vom »Ende der Geschichte«[133]. In dieser schmalen, aber ungeheuer einflußreichen Schrift stellt Fukayama die These auf, die westliche Welt stünde kurz davor, den endgültigen Sieg davon zu tragen. Der westliche Wirtschaftsliberalismus sei das einzige rationale System auf dieser Welt, und wer dagegen argumentiere, sei irrational und stelle sich gegen die Logik der Geschichte. Samuel Huntingtons ebenso populäre Streitschrift *Kampf der Kulturen*[134] geht ebenfalls von einem Sieg der westlichen Kultur aus. Dies schütze den Westen allerdings nicht davor, mit anderen Kulturen in Konflikt zu geraten. Dabei werde er es wahrscheinlich mit einer Kultur zu tun bekommen, deren Denksystem dem westlichen diametral entgegengesetzt sei. Und so ist es kaum überraschend, wen er dafür als Hauptkandidaten vorgesehen hat: den Islam. Huntington verkündet der Welt, daß der Islam mit seinen »blutigen Grenzen« schon auf der Lauer liege, um den Westen anzufallen.

BRAUNE SAHIBS UND DER ORIENTALISIERTE ORIENTALE

Die meisten nicht-westlichen Länder wurden zwischen Ende der vierziger und Anfang der sechziger Jahre unabhängig. In dieser Zeit machten sich Wissenschaftler, Schriftsteller und Denker einen Namen, die man mit den Begriffen »Denker in Ketten«, »braune Sahibs« und »orientalisierte Orientale« belegte. Diese Orientalisten zeichneten sich dadurch aus, daß sie aus dem Orient stammten und sich dennoch voll und ganz dem westlichen Denken unterwarfen. Ein »Denker in Ketten« ist nicht unkritisch, aber er denkt im Auftrag des Westens. Nevzat Soguk definiert den »orientalisierten Orientalen« wie folgt:

> Jemand der physisch im »Orient« zu Hause ist – manchmal auch im Westen –, sich aber spirituell vom Westen nährt. Er/Sie bezeichnet sich selbst »post-orientalisch« oder post-kolonial«. Er/Sie ist ein aktives Mitglied des Orientalistengemeinschaft und spielt eine Rolle auf den Gebieten Kunst, Ästhetik, Folklore, Medien, Erziehung usw. Er/Sie ist ein nicht-westliches Subjekt, dessen Selbstbild weitgehend auf westlichen Erfahrungen, Entwürfen und Erwartungen aufbaut ... für ihn/sie ist der »Westen« immer verständlicher und erfüllender und daher attraktiver als der Orient.[135]

Die orientalisierten Orientalen sind ein Produkt des Westens, das Ergebnis einer bewußten Strategie, die man bis zu ihrer Entstehung zurückverfolgen kann. In seinen Bemerkungen zur Erziehungspolitik in Indien aus dem Jahr 1835 schreibt der britische Liberale Thomas Babington Macaulay (1800–1859): »Wir müssen gegenwärtig alles daran setzen, eine Klasse zu schaffen, die die Vermittlerrolle übernehmen kann zwischen uns und den Millionen, über die wir herrschen; eine Klasse von Menschen, Inder in Blut und Hautfarbe, aber Engländer in Geschmack, Meinung, Moral und Verstand.«[136] Der erste Schritt, um dieses Ziel zu erreichen, war, wie William Hunter, der Generaldirektor der Statistikabteilung Indiens, im Jahr 1871 äußerte, »dem musulmanischen Erziehungssystem« den »Todesstoß« zu versetzen. Muslimische Institutionen wurden systematisch ausgerottet, und wer sie durchlaufen hatte – darunter die maßgeblichen Kritiker der britischen Herrschaft – wurden beschimpft, verspottet und für die Rückständigkeit der Muslime verantwortlich gemacht. Was die Briten in Indien, Malaysia, Britisch-Afrika und den West Indies taten, machten die Franzosen im Maghreb und Schwarzafrika, in Asien und den West Indies, und die Holländer in Indonesien. In allen Fällen war es das Ziel, die »neuronalen intellektuellen Schaltkreise« derer, die nun »unter unseren Fittichen stehen«, neu anzuordnen, wie Vittachi es formulierte, sie einem »kolonialen Muster« anzupassen und »einen offensichtlich weißen durch einen hellbraunen Kolonialismus zu ersetzen.«[137]

Als die Kolonialmächte abzogen, hinterließen sie den neuen unabhängigen Staaten ein Erbe, das sich nicht so leicht abschütteln ließ: eine herrschende Klasse von Politikern, Verwaltern, Bürokraten, Schriftstellern und Denkern, die sich stark mit der Kolonialkultur identifizierten. Die Politiker und Entscheidungsträger, die die Macht von den Kolonialherren übernahmen – wie Jawaharlal Nehru, Aung Sang, Soloman Bandaraniake, Lee Kuan Yew, Tunku Abdul Rahman, Nkrumah und Kenyatta –, waren in ihrem Denken durch und durch kolonialisiert. Ihr Streben nach europäischer Kultur ging einher mit einer Abwertung der eigenen Geschichte, Literatur und Kunst. Sie hielten ihre eigene Kultur für rückständig und reif für den Schrotthaufen der Geschichte. Meist kokettierten sie auch noch mit ihrer Ignoranz und hatten Spaß daran, ihre mangelnde Kenntnis der eigenen Geschichte öffentlich zur Schau zu stellen. Als M. R. Singer diese braunen Sahibs in den frühen Sechzigern erforschte, stellte er überrascht fest, daß für sie »das britische Parlament die Mutter aller Demokratien war, und Hobbes, Burke, Locke und Hume in allem Recht hatten«;

es war verzeihlich, wenn ein brauner Sahib Grundkenntnisse über die Mughals vermissen ließ, keine Ahnung von den großen Werken der Urdu- oder Hinduliteratur hatte oder nicht einmal die Grundzüge des Islam kannte, aber es war »schlicht undenkbar für ihn, nicht zu wissen, wer die Magna Charta unterzeichnet hatte.«[138]

In der Kolonialzeit wurde selbst in Ländern, die formal nie Kolonien waren, eine strikte Trennung zwischen traditioneller und moderner Erziehung vorgenommen. Die moderne Erziehung gründete auf der westlichen Wissenschaft. Schüler der nicht-westlichen Welt nahmen auf diese Weise all das orientalistische Denken in sich auf. Die Geschichte und Philosophie des Orient studierte man folglich gleichermaßen durch die Brille der ehemaligen Kolonialherren. Es ist daher auch kaum überraschend, daß diese Studenten in ihren soziologischen und anthropologischen Studien nahtlos an die Wissenschaft des Westens anknüpften. Ein besonders eindrückliches Beispiel ist der ägyptische Soziologe Saad Eddin Ibrahim[139]. Seine Ansichten über das Erstarken eines muslimischen »Fundamentalismus« im heutigen Ägypten und die Anziehungskraft, die er auf eine entwurzelte Bevölkerung ausübe, für die die Verstädterung einen tiefen Schock bedeute, unterscheidet sich kaum von Cantwell Smiths Thesen. Diese Wissenschaftler aus dem Orient legen die Grundlage für eine sich selbsterfüllende Feedbackschleife. Ibrahim wurde in der von Granada Television produzierten Dokumentation *The Sword of Islam* interviewt. In dieser Sendung werden zunächst die Probleme des modernen Ägypten wie seine Unterentwicklung richtig dargestellt. Dann ertönt die Stimme, die durch die Sendung führt, und tut kund, wie unverständlich es sei, daß die Ägypter glaubten, die Lösung für die Probleme der modernen Welt könne in einer religiösen Offenbarung liegen, die immerhin 1400 Jahre alt sei. Der Islam wird als eine engstirnige Theologie dargestellt, seine Moscheen werden als Grabstätten beschrieben – wer im Grab liegt, ist tot! All diese Vorurteile im Gewand eines neutralen Kommentars dienen dem ägyptischen Soziologen dazu, in einer Begrifflichkeit, die Entfremdung und Desinteresse an den entwurzelten Menschen in einer problematischen Moderne verrät, zu behaupten, der Islam sei inkompatibel mit der modernen Welt. Dann schwenkt die Kamera und fängt Bilder ein, die nach Jahrhunderten orientalistischer Propaganda nur zu vertraut sind. Ein Globus, unsere Welt, erscheint, dreht sich im All. Dann kommt ein Krummsäbel ins Bild, der Konvention nach ein »islamisches Schwert«. Es wirbelt und schlägt den Globus so entzwei, daß Blut spritzt. Nach solch einem Trailer ist das, was kommt – eine zweistündige, vorgeblich eingehende Studie –, ziemlich überflüssig, weil die Botschaft von Anfang an deutlich ist. Während der Orientalismus in der Vergangenheit etwas war, das dem Orient von außen aufoktroyiert wurde, hat er sich heute in der orientalischen Welt selbst eingenistet. Dadurch öffnet sich eine destabilisierende ideologische Kluft, die soziale, politische und ökonomische Konsequenzen nach sich zieht. Dieser Orientalismus innerhalb des Orient ruft Spannungen hervor, bei denen der Westen ein scheinbar neutraler, objektiver Beobachter ist, aber letztlich von den Meinungen der orientalisierten Orientalen profitiert und in seinen Ansichten bestärkt wird.

V. S. Naipaul und Salman Rushdie sind zweifellos die bekanntesten braunen Sahibs unserer Zeit: Ersterer beruft sich auf die Moderne, zweiterer sieht sich als »postmodernen Schriftsteller«. Wie die meisten braunen Sahibs brüstet sich Naipaul bei jeder Gelegenheit damit, wie wenig er über Indien, den Islam und die Muslime weiß; wohingegen Rushdie auf die »besonderen Kenntnisse« verweist, die ihm sein kultureller Hintergrund beschere, um sich dann sein persönliches ignorantes Bild zu konstruieren. Beide spielen das »Licht der Säkularisierung« gegen das »Dunkel der Religion« aus und reden damit dem Orientalismus das Wort. Naipauls *Eine islamische Reise: Unter den Gläubigen*[140] und Rushdies *Die satanischen Verse*[141] sind die klassischen Texte des modernen bzw. postmodernen Orientalismus. Naipaul beginnt seine Reise im Iran, wobei er zugibt, daß er weder vom Iran noch vom Islam auch nur die geringste Ahnung hat. Er habe immer schon muslimische Bekannte gehabt, sagt er, aber nie etwas über ihre Religion gewußt:

> Seine Lehre, oder was ich für seine Lehre hielt, lockte mich nicht. Es schien nicht der Mühe wert, sie näher zu erforschen, und dem Wissen, das ich in meiner Kindheit in Trinidad gesammelt hatte, fügte ich in all den Jahren trotz meiner Reisen wenig hinzu. Die Herrlichkeiten dieser Religion lagen in ferner Vergangenheit, sie hatte nichts, was einer Renaissance glich, hervorgebracht. In den moslemischen Ländern, die nicht kolonialisiert waren, herrschte Despotismus, und fast alle waren, ehe das Öl kam, arm.[142]

Um seine Kenntnisse über den Iran ist es auch nicht besser bestellt:

> Ich hatte die Vorgänge im Iran nicht aufmerksam verfolgt, aber wenn ich mich nur an die Graffiti der Iraner im Ausland hielt, schien es mir, daß die Religion erst spät zum iranischen Protest hinzugekommen war. Erst als die Revolution begonnen hatte, begriff ich, daß sie einen religiösen Führer hatte, der seit vielen Jahren im Exil war.[143]

Diese Ignoranz zeigt sich auf allen Ebenen und ist so tief verwurzelt, daß auch eine hohe Dosis Wissen nicht ausreichte, um das Übel zu kurieren. Naipaul bricht auf, reist, sieht und kommentiert mit den gleichen Überzeugungen und Konventionen wie all die westlichen Reisenden vor ihm. Er ist ein verspäteter Chardin, Bernier, eine Mischung aus Montecroce, Guibert von Nogens und dem heiligen Bernhard. Als er in seinem kommunistischen Reiseführer las, er solle sich zum besseren Verständnis des Landes »zur heiligen Stadt Qom begeben und mit den Leuten auf der Straße sprechen«, lehnte er ab, und zwar nicht nur, weil er die Sprache der Einwohner kaum verstand, sondern weil er sich seine Vorurteile nicht zerstören lassen wollte. Seine Ignoranz ist kaum zu überbieten: Als er den Namen Avicenna hörte, rief er aus: »Avicenna! Für mich nur ein Name, irgend jemand aus dem europäischen Mittelalter: Mir war nie in den Sinn gekommen, daß er Perser gewesen war.« Damit offenbart er auch, daß er Chaucer nicht gelesen hat, denn dieser beschwört in dem Prolog zu den *Canterbury Tales*[144] den Namen Avicenna herauf. Naipaul ist ganz überrascht, als er die Iraner über eine Verfassung sprechen hört: »So etwas wie eine Verfassung dürften sie gar nicht kennen – schließlich ist eine Verfassung eine Vorstellung, die aus der nicht-muslimischen Welt stammt.« Dabei hätte er nur einen kurzen Blick in ein Buch über Verfassungsgeschichte werfen müssen, um zu erfahren, daß die erste geschriebene Verfassung der Welt in Zusammenhang mit Mohammeds Aufenthalt in Medina steht. Ein Leben, das sich nach dem Koran richtet, ist simpel: »Für alles gibt es Regeln, und jeder muß diese Regeln lernen.« Aber selbst eine verzerrte Darstellung des Korans hätte ihn lehren können, daß der Koran kaum Regeln kennt. Tatsächlich geht es in einem Drittel der Schriften darum, die Gläubigen zum Denken und Reflektieren aufzufordern. Beim Abendessen im Holiday Inn von Kuala Lumpur ist Naipaul ganz erstaunt, als er an einem Freitag Zeuge einer Modenschau wird. Er meint, sie finde für Nicht-Muslime statt oder für »Muslime, die den Sabbat nicht einhalten.« Offensichtlich haben ihm die Freunde aus der Kindheit nicht gesagt, daß Freitag und Sabbat nichts miteinander zu tun haben. Als man ihm mitteilte, daß man in Qom sechs Jahre lang studieren müsse, war er verblüfft: »Was studieren sie denn so lange?« Naipauls Ignoranz zeigt sich jedoch nicht nur in seinen Ansichten zu Religion, Geschichte und aktueller Politik, sondern auch in seiner Methodologie. Auf einem Markt in Karachi erwarb er eine Ausgabe von *Chachanama*, einem Märchenbuch, das *Tausendundeinenacht* ähnelt und unter Schulkindern sehr beliebt ist. Kein Journalist, kein Historiker, niemand mit einem Minimum an kritischer Ausbildung würde *Chachanama* als historische Quelle benutzen. Das wäre so, als befragte man einen Taxifahrer, um etwas über die Renaissance zu erfahren. Naipaul aber benutzt ein Märchenbuch, um über die Geschichte eines ganzen Subkontinents zu schreiben!

Naipauls moderne Welt weist eine klare Zweiteilung auf: Die säkulare Welt ist gut, der Islam und alles, was mit ihm zusammenhängt, ist schlecht. Naipaul äußert sich lobend über den »Despotismus« von Zulfiqar Ali Bhutto, geht aber mit General Zias »Despotismus« hart ins Gericht, nur weil der sich auf den Islam beruft; die Militärdiktatur in Pakistan ist schlecht, weil Pakistan ein islamischer Staat ist, aber die Militärdiktatur in Indonesien ist gut, weil Indonesien ein säkularer Staat ist. Wer dem Islam angehört, meint Naipaul, ist automatisch ein islamischer Imperialist; wer der westlichen Kultur und ihren Werten anhängt, ist automatisch ein Liberaler. Angesichts dieses Schwarzweißdenkens ist es kaum überraschend, daß Naipaul überhaupt nicht verstehen kann, warum jemand, der im Westen erzogen wurde, zum Islam »übertreten« kann. Warum aber kommen die meisten muslimischen Aktivisten aus einem akademischen Umfeld? Doch solche Fragen sind zu komplex für Naipaul, deshalb greift er zum probatesten Mittel, um seine Ignoranz zu vertuschen: zum Spott. So auch in *Jenseits des Glaubens. Eine Reise in den anderen Islam*[145], seiner zweiten »Reise« durch die muslimische Welt. Darin stellt er die absurde These auf, daß alle Nicht-Araber prinzipiell Konvertierte sein müssen – als wäre der Islam eine rein arabische Religion! Demnach sind all muslimischen Pakistaner, Iraner, Malaysier und Indonesier nicht-authentisch und dazu verurteilt, abgeschnitten von ihren Traditionen leben zu müssen; all diese Völker sind dazu verdammt, auf immer und ewig unglücklich zu sein, auf immer und ewig verwirrt, auf immer und ewig erniedrigt. Die Heldenverehrung, die man Naipaul entgegenbringt – von dem bekannt ist, daß der für den »authentischen« Hindufaschismus große Sympathien hegt und dessen Heuchelei und Ignoranz unbegreiflich sind –, sagt viel aus über das literarische Establishment des Westens und seine grenzenlose Liebe zum Orientalismus.

Authentizität ist ein orientalistischer Topos. Und natürlich ist es den Orientalisten vorbehalten zu bestimmten, was am Islam bzw. am Nicht-Westen »authentisch« ist und was nicht. Die Orientalen wissen einfach zu wenig über ihre eigene Geschichte, ihre eigenen Traditionen, um zu erkennen, was an ihrer Vergangenheit authentisch ist. Und die Postmoderne schafft die Vorstellung Authentizität sogar ganz ab, wirft alle Grundgedanken über Bord, die die Moderne ausmachen. Das Projekt der Moderne besteht darin, wie Habermas sagt, eine Wissenschafts-, Moral-, Kunst- und Literatursphäre zu schaffen, die ihrer jeweils eigenen inneren Logik gehorcht. Durch ihre Betonung der Autonomie der Kunst bzw. der Kultur insgesamt führt die Postmoderne die Moderne zu ihrem logischen Schluß. Unter viel Getöse zerstört sie die »großen Narrationen«: Vernunft, Wissenschaft, Religion, Tradition und Marxismus. Tatsächlich aber erhält eine einzige große Narration den Vorzug: der liberale Säkularismus. Nur nach seinen Prämissen sind alle Wahrheiten gleich wahr. Es ist daher nicht verwunderlich, daß Rushdie in seinen *Satanischen Versen* den Islam gegenüber dem Säkularismus für minderwertig hält und daher versucht, ihn zu säkularisieren und von allen religiösen Inhalten zu säubern. Folgerichtig schreibt er die Seerah um, die das Leben des Propheten Mohammed schildert und für jeden Muslim zur Identitätsfindung unverzichtbar ist. In den *Satanischen Versen* unterminiert Rushdie die heilige Geschichte des Islam und die Person, über die sich Muslime definieren. Damit nimmt er den Muslimen jegliche kulturelle und religiöse Identität. Rushdie wäre dazu nie in der Lage gewesen, wenn er nicht auf den Orientalismus hätte zurückgreifen können. So nennt er beispielsweise den fiktiven Helden Mahound (gemeint ist selbstverständlich Mohammed), was in den *Chansons de geste* ein Synonym für den Teufel ist! Norman Daniel, die Koryphäe schlechthin für das islamische Mittelalter, schreibt in der Überarbeitung seiner klassischen Studie *Islam and the West* (1964), daß Rushdies Darstellung des Islam und seines Propheten einem mittelalterlichen Menschen nicht fremd wäre. »Feinde des Islam«, schreibt Daniel, »mögen viele Motive haben, aber sie werden immer wieder die gleichen Fakten verzerren, so geschehen bei Salman Rushdies *Satanischen Versen*. Der Stil mag sich ändern, die Themen aber bleiben die gleichen.«[146] Kein Wunder, daß Muslime aller Couleur einstimmig gegen den Roman aufbegehrten.

Orientalisierte Orientalen sehen in ihrer Herkunftskultur ein Spiegelbild des Westens. Die nicht-westliche Welt existiert, um das westliche Selbst zu vollenden. Es gibt keine nicht-westlichen Menschen, keine nicht-westlichen zwischenmenschlichen Beziehungen. Alle Kultur ist westliche Kultur, alle Geschichte ist westliche Geschichte. Alle Kulturen sind Teil einer hierarchischen Ordnung, alle folgen dem ansteigenden Weg der westlichen Geschichte, immer atemlos in dem verzweifelten Versuch, die Kultur der Moderne einzuholen oder am besten gleich die der Postmoderne, den Zenit westlicher Zivilisation. Alle Gesellschaften bewegen sich auf ein Utopia zu, dem letztgültigen Gesellschaftsprinzip westlicher Provenienz: dem Säkularismus. Rushdie besetzt in den *Satanischen Versen* das heilige Territorium des Islam und versucht es zu säkularisieren, doch dadurch macht er den Islam zu einem Anhängsel der westlichen Zivilisation. Damit tut er nichts anderes als die Aufklärer. Und tatsächlich bedient sich Rushdie in den *Satanischen Versen* ihrer Technik: der Parodie und des Spotts. Er erklärt den Islam für überflüssig, eine Religion, die immerhin einem Viertel der Menschheit einen Lebenssinn gibt. Wenn Ignoranz eine Verbindung mit Arroganz eingeht, entsteht ein tödliches Gemisch. Das Haß auf den Islam, der sich in den Werken Rushdies und Naipauls findet, ist das Ergebnis der Gehirnwäsche durch das Brauner-Sahib-Programm. Die braunen Sahibs sind die späte Rache für die verlorenen Kolonien. Denn sie kritisieren den Orient in einer Weise, wie westliche Orientalisten es nie wagen würden. Indem sie bestätigen, daß der Islam minderwertig und rückständig sei, bringen die braunen Sahibs das orientalistische Programm zur Vollendung. Dies ist auch der Grund, warum der berühmte indische Denker Ashis Nandy die Werke Naipauls und Rushdies als »inhuman« bezeichnet, als einen »Ethnozid«.[147]

ORIENTALISMUS IN DER TRIVIALLITERATUR

Der Roman *Die satanischen Verse* ist der reinste Orientalismus unter dem Deckmäntelchen der Kunst. Letztlich war es aber die Populärkultur, die dem Orientalismus als Medium diente, um seine Thesen zu verbreiten. Es ist verzeihlich, wenn ein Leser aktueller Trivialliteratur glaubt, Muslime seien wild entschlossen, die große Bastion von Demokratie und Freiheit zu zerstören: die USA. Es bestehen direkte Parallelen zwischen der amerikanischen Außenpolitik und ihren jeweils aktuellen Teufeln – den Palästinensern, dem libyschen Revolutionsführer Gaddafi, Ayatollah Khomeini, Saddam Hussein – und den Bösewichten der trivialen Bestsellerliteratur. Ob in John Updikes *Der Coup*[148], Philipp Caputos *Horn of Africa*[149], John Randalls *The Jihad Ultimatum*[150] oder Frederick Forsyths *Die Faust Gottes*[151]: die Botschaft ist klar. John Randalls *The Jihad Ultimatum* ist ein gutes Beispiel für dieses Genre. Eine Gruppe iranischer Terroristen kommt nach New York. Mit im Gepäck haben sie eine Atombombe, die ihnen der Revolutionsführer Gaddafi großzügig zur Verfügung gestellt hat. Ziel der Operation: die USA in die Knie zu zwingen. Unter der Führung von Zaid abu Khan fordern die Dschihad-Terroristen Geld, Technologie und Waffen, die an den Iran geliefert werden sollen. Dieser verwickelte Plot – in dem der KGB, ein geistesgestörter Gorbatschow mit Welteroberungsgelüsten, die CIA und ein cleverer US-Präsident vorkommen – liefert den Hintergrund, vor dem die Muslime und der Islam in den prächtigsten Farben des

Orientalismus dargestellt werden können. Praktisch alle Muslime in *The Jihad Ultimatum* sind Terroristen und Unmenschen. Zaid abu Khan, der Führer des iranischen Dschihad, ist ein böser Killer, den Rache und religiöser Fanatismus antreiben. Im Buch hat er ständig »den Mund vor Verzückung weit aufgerissen« und gibt Sätze von sich wie: »Amerika (...) wird häßlich und unbewohnbar werden – verwüstet von der Macht des Dschihad« und »Wir werden einen Pfahl des Terrors in ihre Herzen rammen...« Khalid Rahman, Khans Nummer zwei, hält nicht viel von Politik, er will lieber sofort und überall zuschlagen: »Für ihn gibt es nur einen Führer, und das ist Allah – wobei man manchmal den Eindruck hat, er bete Zaid abu Khan an.« Rahman ist so dumm, daß er glaubt, Khan verkörpere den Propheten Mohammed. Bafq al-Rashid, der Munitionsexperte, ist ein so gewalttätiger, böser Mensch, daß er seine Kameradinnen vergewaltigt, vor allem al-As, um sicherzustellen, daß sie sich ihm unterwerfen. Al-As selbst ist eine »skrupellose Killerin« und daher »die Führerin der Zukunft.« Der iranische Präsident, Waquidi, ist ein Waschlappen, der sich seine Politik von den Terroristen vorschreiben läßt. Der US-Präsident beschreibt ihn als »einen drittklassigen Bürokraten aus einer Nation, deren politischer und religiöser Hintergrund mir mehr als fremd ist.« Von der modernen Welt hat er keine Ahnung. Als US-Truppen in Teheran einmarschieren und ihn festnehmen wollen, sitzt er stammelnd da und begreift überhaupt nicht, daß um ihn herum eine Schlacht tobt. Frederick Forsyths *Die Faust Gottes* nimmt Saddam Hussein ins Visier. Der Roman beginnt mit dem Mord an dem kanadischen Waffenkonstrukteur Dr. Gerald Bull, der für den Irak eine »Superkanone« entwickeln sollte. Saddam Hussein plant, mit dieser Kanone eine Atombombe in den Orbit zu schießen, die zu einer vorausberechneten Zeit in die Erdatmosphäre eintreten und die USA zerstören soll. Im Plot kommen auch britische Agenten vor, die als Beduinen verkleidet in den Irak eindringen – à la Richard Burton und Charles Doughty –, außerdem britische Orientalisten, die besser über die Araber Bescheid wissen als die Araber selbst, und heldenhafte britische Geschäftsmänner, für die Demokratie wichtiger ist als Waffenhandel.

Wenn Muslime einmal nicht die USA vernichten wollen, dann treten sie als Hanswurste auf, um die Unterlegenheit des Islams zu demonstrieren. In Michael Carsons *Friends and Infidels*[152] zum Beispiel werden uns Araber vorgeführt, die unfähig sind, sich selbst zu verwalten. Der König und die Einwohner des seltsamen Staates Ras Al Surra sind so hilflos, daß sie die Briten zu Hilfe rufen müssen, damit diese Alleskönner die Arbeiten erledigen, deren die »Bewohner von Ras Al Surra nicht fähig sind.« Sogar der Name ihrer Dörfer spiegelt ihre Dummheit wieder. die Stadt, in der die Handlung spielt, heißt »Jaheel«, das arabische Wort für tumber Ignorant! Von Fortschritt haben diese Leute noch nie etwas gehört, und so müssen sie erst lernen, was Elektrizität, Wasserversorgung und sanitäre Einrichtungen sind, und zwar von den Ausländern, »die sie ins Wohlstandsparadies führen werden.« Es handelt sich um das Arabien von T. E. Lawrence: minderwertig, rückständig, aber aus Carsons Feder wenigstens ziemlich lustig. Aus der Feder anderer Leute verkäme diese Geschichte schnell zu reinem Rassismus. So zum Beispiel bei Phillip Caputo. Sein Roman *Horn of Africa* strotzt geradezu vor Rassismus. Caputos Gefühl rassischer Überlegenheit, seine Vorstellung von »Zivilisation« schlägt dem Leser auf jeder Seite entgegen. Kairo ist bei ihm ein »fliegengeplagtes, dekadentes Chaos« voller Taxifahrer, »die so heftig fluchen, wie nur Araber es können.« Ihr Arabisch ist so beleidigend, als wäre »die Sprache nur zu diesem Zweck erfunden worden«. Die Palästinenser »treten jegliche Regel und Konvention mit Füßen, um ihre Ziele zu erreichen«; sie sind Anhänger »einer romantischen Anbetung der Gewalt, der Gewalt als Selbstzweck.« Die Einwohner Jubayas, wo der Hauptteil der Handlung stattfindet, haben das gleiche Glühen in den Augen, wie es die Hauptfigur bereits bei palästinensischen Guerillakämpfern gesehen hat, »ein Glühen, so dunkel, das es mehr als Wahnsinn war – der Glaube, der absolute Glaube an die Rechtmäßigkeit der eigenen Religion, an das eigene politische Dogma, an das persönliche Schicksal.« Die Augen sagen alles: »Ich erkannte es an seinen glänzenden Augen: Er war ein Fanatiker.« Die Trennung ist glasklar: Auf der einen Seite stehen die Weißen: zivilisiert, höflich, menschlich und, selbst wenn sie Massenmord begehen, rational; auf der anderen Seite sind die Muslime: blutrünstig, fremdartig, barbarisch und wild. Doch Figuren und Erzählhandlung sind zweitrangig angesichts von Caputos Ansichten zu Gewalt: Es gebe »eine bestimmte Art von Menschen«, die besonders zu Gewalt neigen: die Muslime.

ORIENTALISMUS IM FILM

In Filmen ist die Darstellung von gewalttätigen Muslimen ebenso verbreitet wie in Büchern, nur ist der Film das Medium der Massenkultur schlechthin. Auf der Leinwand werden all die alten Klischees in zeitgemäßer Aufbereitung erneut vorgeführt. Ihre Funktion besteht darin, die Weltsicht von Sir John Mandeville im westlichen Bewußtsein präsent zu halten, damit neue Generationen nicht auf die Idee kommen, sich eine andere Vorstellung von der Welt des Orients zu machen. Die Darstellungen von Muslimen als bösen Terroristen ist so tief in Hollywoods Bewußtsein verankert, daß sie selbst in Produktionen auftauchen, die gar nichts mit dem Orient zu tun haben. Der Terrorist in *Zurück in die Zukunft* (1985), der die ganze Geschichte ins Rollen bringt, tritt in dem Film gar nicht auf, ist aber, wie der Zuschauer erfährt, ein »Libyer«; die gesichtslosen Männer in der Wüste, die der *GI Jane* (1998) als Übungszielscheibe dienen, sprechen arabisch. Wenn tapfere weiße Helden in amerikanischen Kung-Fu-Filmen à la *American Ninja* ihre Kampfkunst vorführen wollen, knöpfen sie sich normalerweise arabische Schurken vor. Damit übernehmen die fanatischen Muslime heute die Funktion, die in den amerikanischen Western die Indianer innehatten. Da es heutzutage aber nicht mehr politisch korrekt ist, Indianer niederzumetzeln, mußte ein neues Feindbild her. Während man bei den Indianern zu einer Neubewertung kam (es geht also), beließ man es bei dem alten Orientbild. *Bengali*, eine durchschnittliche Hollywoodproduktion aus dem Jahr 1935 mit Gary Cooper, handelt zwar von den Briten in Indien, ist aber von der Struktur her ein Western (heutzutage würde man von einem Eastern sprechen). Tatsächlich verwandelte man die Western in Eastern, indem man einfach die Schauplätze und Schurken austauschte: John Fords *Die vermißte Patrouille* (1934), in dem marodierende Araber wiederholt eine britische Einheit angreifen, erlebte in *Bad Lands* (1939) sein erstes Remake (diesmal sind Apachen die Schurken), noch eines in *Sahara* (1943; diesmal sind die Bösen die Nazis), und schließlich noch eines in *Baatan* (1943; ein Zweiter-Weltkiegs-Drama). Das Bild des blutrünstigen Orientalen findet sich also gleich zu Beginn der Kinogeschichte und hat sich seither hartnäckig gehalten, ja, es erlebte sogar eine neue Blütezeit, als es politisch inkorrekt wurde, Indianer als Bösewichte zu benutzen. Als Beispiele seien genannt: der geistesgestörte Mahdi in *Khartoum* (1966); der böse und gefährliche Chinese in *Ich, Dr. Fu Man Chu* (1965); die sadistischen, unmenschlichen Türken in *Midnight Express* (1978); die wahnsinnigen Terroristen in *Der Ambassador (1984)* und die ebenso wahnsinnigen Geiselnehmer des »fundamentalistischen Staates« in *Der stählerne Adler* (1985); die Chinatown-Gangster in *Im Jahr des Drachen* (1985); die verschlagenen arabischen Schurken in *Auf der Jagd nach dem Juwel vom Nil* (1985); der machtgeile Führer des Dschihad in *True Lies* (1994); die palästinensischen Terroristen in *Einsame Entscheidung* (1996); die arabischen Terroristen in *Ausnahmezustand* (1998).

Hollywood-Filme entfremden, wie Alan Nadel meint, »den Orient auf doppelte Weise. Für das amerikanische Publikum ist das exotische Andere in den ebenfalls exotischen Normen des England des späten neunzehnten Jahrhunderts enthalten.«[153] Die britischen Filme der sechziger und siebziger Jahre zeigen den Orient durch eine kolonialistische Brille: In *Khartoum* kämpft ein belagertes britisches Regiment gegen die Einheimischen; Kenneth Moore tritt in *Brennendes Indien* als Retter gegen unerbittliche Feinde auf. In der Hollywood-Produktion wird das britische Regiment durch den CIA ersetzt und »unser Verständnis des Ostens durch eine erkennbar westliche Romanze normalisiert.«[154] In *Khartoum* wird der Mahdi des Sudan als geistesgestörter religiöser Fanatiker dargestellt, der Ägypter und Sudanesen abschlachtet, weil sie ihn nicht als den »Erwählten« anerkennen. General Gordon hingegen ist ein Ausbund an Vernunft und Zivilisiertheit. Und so ist es kaum überraschend, daß die Sudanesen am Ende die Kolonialherren als Befreier feiern. Was aber ist die Motivation des Mahdi? »Ich werde einen heiligen Krieg beginnen«, sagt der Mahdi zu Gordon, weil »mir der Prophet Mohammed erschienen ist und mir befohlen hat, Khartoum mit Feuer und Schwert anzugreifen... und meine Feinde werde ich mit Terror überziehen und unterwerfen – bis nach Mekka, Baghdad und Konstantinopel.« Am Ende des Films metzeln marodierende Sudanesen Gordon und seine zahlenmäßig unterlegenen Kämpfer nieder.

Die Hollywoodproduktionen, in denen Araber als Schurken mißbraucht werden wie *Delta Force*, *Einsame Entscheidung*, *True Lies* und *Ausnahmezustand*, folgen einem ähnlichen Muster, nur daß die CIA im Gegensatz zu Gordon im Namen der Zivilisation auftritt und den Gegner vernichten darf. In *Delta Force* sind die Flugzeugentführer Palästinenser, in *Einsame Entscheidung* sind es Algerier. Wie der Mahdi in *Khartoum* haben sie keine Ahnung vom Islam, sie wissen nicht einmal, wie man betet – sie knien nieder, wann und wo immer es ihnen einfällt, und beten in jedwede Richtung. Selbst bei Rollen, die Sympathie für Muslime wecken sollen, zeigt sich diese Ignoranz. Ein gutes Beispiel ist Morgan Freeman als guter Maure in *Robin Hood* (1991). Der Film beginnt mit der Darstellung muslimischer Grausamkeit: Robin Hood alias Kevin Kostner soll in einem Kerker voller Folterinstrumente die Hand abgeschlagen werden. Gerettet wird er von dem guten Mauren alias Morgan Freeman, der ihn anschließend nach England begleitet. Dieser Maure ist eine würdige Gestalt und beweist eine Gelehrtheit, wie sie sonst in Filmen über die Zeit der Kreuzzüge nicht vorkommt. Insofern ist in diesem Film das Klischee mit einer gewissen historischen Wahrheit angereichert. Warum um alles in der Welt haben sich die Filmemacher dann nicht darüber informiert, wie Muslime beten und was sie sagen? Es gibt nur eine Erklärung: Sie wollen es nicht! Morgan Freeman plappert nur unverständliches Zeug, und die Art, wie er niederkniet, sich vornüberbeugt und mit dem Kopf auf den Boden knallt, ist die reinste Parodie. In *True Lies* und *Ausnahmezustand* fallen fanatische Muslime, die nicht einmal wissen, wie man betet, in die USA ein und rennen mit Atomwaffen bestückt durch die Gegend. In *Ausnahmezustand* wird die USA von Feinden belagert wie Gordon in *Khartoum*. Der Plot von *Einsame Entscheidung* ist typisch für das Genre. Algerische Terroristen entführen ein Flugzeug. Ihr Anführer, der genauso geistesgestört und fanatisch ist wie der Mahdi, stellt folgende typische Forderung:

> Hier spricht Al Tar. Ich habe eine Botschaft für den amerikanischen Präsidenten. Die Bombe von London hat gezeigt, wie entschlossen ich bin. Ich habe den Flug 343 unter meine Kontrolle gebracht. Das Flugzeug und seine Passagiere werden so lange in meiner Gewalt verbleiben, bis Abu Jafa, den man auf kriminelle Weise und gegen seinen Willen festhält, aus der Gefangenschaft entlassen wird. Meine Anweisungen müssen genau befolgt werden, kein Theater, keine Verhandlungen. El Said Jafa muß befreit und nach Gatwick gebracht werden. Dort muß ein Privatjet mit Starterlaubnis bereit stehen. Sobald unser Anführer auf freiem Fuß ist, wird der Flug 343 nach Washington fortgesetzt, wo die Hälfte der Passagiere gegen Treibstoff und fünfzig Millionen Dollar in Goldbarren ausgetauscht wird. Abu Jafa muß ebenfalls in der Luft

sein und um sechs Uhr Greenwich-Zeit mit mir Kontakt aufnehmen, sonst werden die Einwohner Londons die Konsequenzen zu tragen haben. Die Bestrafung wird die Bombenexplosion von heute weit in den Schatten stellen.

Washington stellt daraufhin eine Spezialtruppe zusammen, um den Verrückten das Handwerk zu legen. Mit Hilfe eines Superflugzeugs namens »Remora« gelangt diese Spezialeinheit an Bord des entführten Flugzeugs. Doch plötzlich geht etwas schief, und der Anführer der Truppe stirbt. Schließlich muß David Grant, ein Pentagonbeamter, die Terroristen unschädlich machen. Mit Unterstützung einer Stewardeß rettet er die Geiseln und bringt das Flugzeug sicher auf den Boden, ohne daß die Bombe an Bord hochgeht. Naji, der Terroristenführer, ist ein abgrundtief schlechter Mensch, der sich von seinen bestialischen Instinkten leiten läßt. Als Jafa draußen ist, versucht er Naji zu überreden, die Geiseln freizulassen. Der aber weigert sich – er ist nicht umsonst ein böser Mensch! – und erklärt statt dessen:

> Es freut mich, daß du wieder frei bist, Abu Jafa, Allah ist uns gnädig. Ein großes Schicksal erwartet uns. In ein paar Stunden werde ich einen glorreichen Sieg davontragen, und die Völker des Islam werden dich als ihren Führer feiern ... ich werde Allahs Schwert tief ins Herz der Ungläubigen stoßen.«

Als Najis stellvertretender Kommandeur ihn darum bittet, die Mission aufzugeben, erwidert Naji:

> Allah hat uns für eine Aufgabe auserwählt, die wichtiger ist als Jafas Freiheit. Wir sind die wahren Soldaten des Islam, und unsere Pflicht ist es, Allah zu rächen.

Wegen dieser Subordination erschießt Naji seinen Untergebenen und sukzessive alle anderen. Am Ende wird er selbst erschossen. Menschen, die auf Leben und Tod einem Tyrannen ausgeliefert sind: das ist die Quintessenz des orientalischen Despotismus, einem der zentralen Klischees über den Orient.

Manchmal wird dem Terroristenführer auch gestattet, eine Rede über seine Motive zu halten. Azis, der Terroristenführer des »Purpurner Dschihad« in *True Lies,* wird wie folgt beschrieben: »ein Hardcore-Fanatiker, der Mann ist ein echter Psychopath, einer, der Hunderte von Autobomben hochgejagt hat.« Er ist von Rache getrieben und beweist seine Bösartigkeit dadurch, daß er nicht nur Atomwaffen besitzt, sondern sie auch einsetzen will. Wie der Mahdi in *Khartoum* setzt er Wahrheit mit Macht gleich, und im entscheidenden Moment des Films sagt er auf Arabisch: »In neunzig Minuten wird ein heiliger Feuerball den Himmel erleuchten und der ganzen Welt zeigen, daß wir die Wahrheit besitzen.« Was also treibt Azis an? In einer Video-Botschaft erklärt er:

> Ihr habt unsere Frauen und Kinder getötet und wie Feiglinge unsere Städte aus der Luft mit Bomben überzogen: Wie könnt ihr es wagen, uns Terroristen zu nennen? Doch nun ist den Unterdrückten ein mächtiges Schwert gegeben worden, mit dem sie gegen ihre Feinde vorgehen können. Wenn du, Amerika, deine Streitkräfte nicht für immer und ewig aus dem Persischen Golf abziehst, wird der »Purpurne Dschihad« jede Woche eine deiner Städte mit Feuer überziehen, solange, bis unsere Forderungen erfüllt werden. Zunächst werden wir eine Bombe auf einer unbewohnten Insel zünden, um unsere Macht zu beweisen und zu zeigen, wie menschlich wir sind. Wenn aber unsere Forderungen nicht erfüllt werden, wird der »Purpurne Dschihad« jede Woche eine amerikanische Stadt in Schutt und Asche legen.

Am Ende von *Khartoum* läuft ein langer, sentimentaler Abspann, in dem der Kolonialismus gerechtfertigt wird. Gordon wird für das Opfer gelobt, das er für England gebracht hat. *Delta Force* endet ähnlich, nur daß hier der *american way of life* gefeiert wird. Nachdem die Geiseln befreit sind und Major McCoy alle Terroristen zu Brei geschlagen hat, werden Dosen mit Budweiser an die Passagiere verteilt, und alle singen die Nationalhymne, um die gute Arbeit des CIA zu feiern.

Die Darstellung des Orient im Film hat sich nie wirklich verändert. Die Botschaft ist klar: Der Orient ist böse, weil er fanatisch an der falschen Religion festhält. Auch andere Völker bekommen ihr Fett ab. In *Die Geburt einer Nation* (1915) von D.W. Griffith, einer epischen Erzählung über den amerikanischen Bürgerkrieg, tritt am Ende der Ku Klux Klan als Befreier der weißen Frau auf und rettet sie vor andersrassigem Begehren. Der Film ist ein typisches Beispiel für rassistische Heuchelei. Irgendwann erfand Hollywood die Rassenbeziehungen neu und hob Denzel Washington auf den Schild: der ehrenwerte, vertrauenswürdige Mann, der unsere Kultur rettet und unsere amerikanischen Werte verteidigt. 1919 drehte Griffith *Broken Blossoms*, eine weitere Warnung vor Rassenvermischung. Der Film basiert auf einer Kurzgeschichte von Thomas Burke mit dem vielsagenden Titel *Das Schlitzauge und das Kind*. Sie spielt im Londoner Chinesenviertel Limehouse. Dort lebt Cheng Huan, ein buddhistischer Missionar (ganz in der Tradition von Leibniz, wie Jonathan Spence meint[155]), der aus Einsamkeit und Isolation dem Opium verfallen ist. Eines Tages wird Cheng Huan auf eine junge Frau aufmerksam, die von ihrem versoffenen Vater mißhandelt wird. Er bietet ihr Unterschlupf und kleidet sie – und das ist sehr subtil gemacht – Schritt für Schritt wie eine chinesische Konkubine. Doch eines Tages entdeckt ihr Vater, wo sie steckt, holt sie aus der Wohnung und prügelt sie zu Tode. Kurz darauf wird er von Cheng Huan erschossen, der sich schließlich selbst tötet. Damit hatte auch China einen würdigen Platz in den orientalistischen Annalen. Als konstruierte Klischees lassen sich benennen: die Opiumsucht, das Bild der Konkubine, die Lust auf weißes Fleisch (wenngleich sie keine Erfüllung findet). Bret Harte und Mark Twain, die beide Gedichte, Erzählungen und Stücke über chinesische Einwanderer in den Chinatowns Amerikas verfaßten, haben eine weitere Klischeefigur populär gemacht: den chinesischen Clown, der nur Pidginenglisch spricht. Einer der Charaktere, die sie schufen, hieß Hop Sing, ebenso der Koch der Cartwrights in der langlebigen Fernsehserie *Bonanza*. Das Bild der Afro-Amerikaner und indianischen Ureinwohner änderte sich im Laufe der Jahre, doch Hop Sing blieb immer Hop Sing.

Die bemerkenswerteste Darstellung Chinas ist der Film *Die gute Erde*, ein Kassenschlager aus dem Jahr 1937. Er basiert auf einem Buch von Pearl S. Buck. Buck war die Tochter eines Missionars und arbeitete später selbst als Missionarin in China. Dort schrieb sie auch ihr berühmtestes Buch. Ihr Ehemann, der ebenfalls als Missionar in China tätig war, besorgte seinerzeit dem Orientalisten Wittfogel Daten zur Situation der Landwirtschaft in China. Jedenfalls reiht *Die gute Erde* ein orientalistisches Klischee an das andere. In China scheint die Zeit stehengeblieben zu sein und seinen Bewohnern jeglicher Sinn für Geschichte zu fehlen. Da das Buch 1931 veröffentlicht wurde, muß es sich bei dem Krieg, auf den darin angespielt wird, um die Erhebung Chiang Kai-sheks handeln, was aber nie direkt gesagt wird. Statt dessen spielen Fluten und Heuschreckenplagen eine große Rolle. Die Geschichte erzählt den Lebenszyklus des Bauern Wang Lung, der die ehemalige Haussklavin O Lan geheiratet hat. Die Verbundenheit mit der Scholle und die tägliche harte Arbeit mögen zwar etwas Universales haben, auffällig ist jedoch, wie kalt und distanziert die Menschen miteinander umgehen, was sich offensichtlich nicht den Umständen verdankt, sondern den Chinesen angeboren ist. Dem Stolz über den erstgeborenen Sohn folgt keine väterliche Zuneigung. Kaum sind die Kinder geboren, interessiert er sich nicht mehr für sie. Die heroische Ehefrau, die voller Edelmut die ganze Plackerei auf sich nimmt, muß irgendwann einer Konkubine Platz machen. Wang Lung wird von seinem Neffen betrogen; sein eigener Sohn intrigiert gegen ihn. Die Armut, in der Wang Lung und O Lan leben, ist kaum erträglich. Das Paar muß alle Widrigkeiten ertragen, die China zu bieten hat, und zwar auf allen gesellschaftlichen Ebenen. Die chinesische Gesellschaft hat nichts Versöhnliches, überall herrscht Korruption und Gier nach Reichtum. Und wer es geschafft und reich geworden ist, verschleudert sein Geld für Opium und Konkubinen. Ganz anders in *Früchte des Zorns* (1940) von John Ford. Dort wird die Geschichte einer amerikanischen Familie erzählt, und die dargestellten Bauern schwingen sich zu moralischer Größe auf, während Familie Wang Lung auf Grund ihrer intrinsischen Andersheit für immer im moralischen Sumpf stecken bleibt. Insgesamt hat Hollywood eine enge Beziehung zur Missionierung Chinas. Gregory Peck gewann einen Oscar für seine Rolle in *Schlüssel zum Himmelreich* (1944). Er spielt dort einen katholischen Priester, der in China aber nichts auszurichten vermag. Es gab noch weitere Oscars, zum Beispiel für *Die Herberge zur sechsten Glückseligkeit* (1958), in dem Ingrid Bergmann die Missionarin Gladys Aylward spielt. Und in all diesen Filmen ist China grausam, despotisch, traditionsverhaftet, chaotisch – ein korrupter »Sündenpfuhl am Ende der Welt«, wie schon Herder meinte –, ein Land, das sich gegenüber jeder Veränderung im westlichen Sinn als resistent erweist.

Das Bild ändert sich auch dann nicht, wenn Chinesen dargestellt werden, die sich im Westen niedergelassen haben. Chinatown ist nicht nur der Schauplatz, an dem chinesische Waschsalonbetreiber als Pidginenglisch sprechende Clowns auftreten, sondern in der Tradition, die von Conan Doyle bis Sax Rohmer reicht, auch ein bedrohlicher Ort. In Chinatown lebt die Gestalt, die am besten die chinesische Grausamkeit verkörpert: Fu Man Chu (übersetzt: gelbe Gefahr). Und dieser Fu Man Chu will bekanntlich ein »gelbes Weltreich« aufbauen. Die herzlose Grausamkeit von Fu Man Chu läßt das Bild wieder aufleben, das schon Galeote Pereira im sechzehnten Jahrhundert und davor Marco Polo gezeichnet haben. Spence schreibt: »Mit Fu Man Chu nahm die Darstellung des bösen Chinesen auf internationaler Ebene seine endgültige und dauerhafte Form an.«[156] In Hammers Fu Man Chu-Filmen besitzt der »grausame, verschlagene« Fu Man Chu, der »schlimmste und gefährlichste Bösewicht der Welt«, ein Geheimwissen, mit dem er den Westen unterwerfen kann. In *Ich, Dr. Fu Man Chu* (1965) heißt es über dieses Wissen, es sei »Mohn vom schwarzen Hügel« und berge das »universelle Geheimnis des Lebens«. Es kann also einerseits dazu benutzt werden, den Westen zu zerstören, und andererseits, um dem bösen Orient ewiges Leben zu sichern. Doch Fu Man Chu kann dieses Wissen nicht aus eigener Kraft entschlüsseln. Obwohl er aus dem Tibet stammt, ist er des Tibetanischen nicht mächtig. Als Wächter und Beschützer dieses Wissens entpuppt sich ein Mann aus dem Westen, der im »Museum of Oriental Studies« arbeitet. Und so wird auch im Kino die Botschaft des Orientalismus erneuert: Nur der Westen kann lehren, wie der Osten wirklich ist. Und nur im Westen sind die Geheimnisse des Ostens wirklich sicher, denn dem Osten kann man nicht trauen. Am Ende erklärt ein dankbarer Dalai Lama, nur mit der »unermüdlichen Hilfe der Fremden« könne der böse Fu Man Chu bekämpft werden, nur bei ihnen sei das tödliche Wissen in sicheren Händen. Auffällig ist auch, daß in praktisch allen Filmen, die wir erwähnt haben, die Orientalen von kaukasischen Schauspielern dargestellt werden, wodurch eine Art doppelte Repräsentation entsteht. Nicht einmal Charlie Chan, der undurchschaubare orientalische Detektiv, wurde anfangs von einem chinesischen Schauspieler dargestellt, sondern von Walter Oland. Später bekam John Carradine diese Rolle, der Vater von David Carradine, der durch sein Recycling orientalistischer Versatzstücke in den Fernsehserien *Kung Fu* und *Kung Fu – Die Rückkehr der Legende* berühmt wurde. In beiden Filmen ist Chinatown ein gefährlicher Ort voller bösartiger Chinesen.

Antikes Wissen und seine Macht sind auch das Thema der allerneuesten Exkursion in den Orient. In *Aladdin* (1992) muß die »phänomenale kosmische Kraft« des Geistes gebändigt und in den Dienst Amerikas gestellt werden. *Aladdin* ist vielleicht der kulturverzerrendste aller Disneyfilme. Am Anfang ist der Held nur Aladdin, der Diener Gottes; am Ende aber, nachdem er die Wahrheit und Schönheit entdeckt hat, sagt er »nenn mich einfach Al«. Das einzige, was Aladdin von einem normalen Kaukasier aus dem Mittleren Westen unterscheidet, ist seine leicht olivbraune Hautfarbe. Der Film ist durchtränkt mit Orientalismus. Die Guten sind alle sauber rasiert, die Bösen haben einen Bart, der dem Klischee des Orientalen oder anderer Verbrecher entspricht. Die Straßen quellen über vor arabischen Händlern und hinduistischen Fakiren, und »Araby« ist das Land der Exotik schlechthin. Frauen werden als erotisch dargestellt, tragen Haremskostüme, die kürzer nicht sein könnten. Obwohl der Geist in der arabischen Welt gefangen war, kennt er nur die westliche Kultur und singt ein Lied, das vor orientalistischen Vorurteilen nur so strotzt:

> Ich komme aus einem Land, wo man auf Kamelen reitet,
> wo man dir das Ohr abschneidet, wenn man dein Gesicht nicht mag. Es ist barbarisch, o.k., aber ist mein Heimatland.

Disney reagierte auf die Proteste der arabischstämmigen Amerikaner und veränderte für die Videofassung die letzte Zeile, was aber wenig nützte angesichts der Tatsache, daß der Orient in *Aladdin* als Land der Barbarei dargestellt wird. So wie man die Atombombe für böse Zwecke mißbrauchen kann, kann man auch den Geist für böse Zwecke mißbrauchen: Nichts anderes beweist uns Jafar, als er ihn benutzt, um zum besten Zauberer der Welt zu werden. Trunken vor Macht verwandelt er sich schließlich in reine schwarze Energie, deren Insignie das Zeichen für Nuklearenergie ist! Erst als die Geschichte säkularisiert ist, erst nachdem Allah vertrieben wurde und Aladdin zu Al mutiert ist, einem braven amerikanischen Bürger, wird der Geist freigelassen und kann Gutes tun. Erst dann kann er uns von den Fesseln der östlichen Kultur befreien – Sinnbild dafür ist der Goofy-Hut –, die zu einer westlichen Variante verkommt. Und so kann er uns davon überzeugen, daß die Welt nicht nur sicher, sondern auch eine fantastische Touristenattraktion ist, die zwar exotisch aussieht, aber westlichen Gebräuchen und Werten gehorcht. Mit anderen Worten: Ein Ort, den man unbedingt gesehen haben muß, selbst wenn man nicht darin wohnen will.[157]

Mit *Aladdin* erreicht die orientalistische Vorstellungsmaschinerie die größte Perfektion – die Geschichte hat zu sich selbst gefunden: Der echte Orient ist angesichts seiner künstlichen Version gar nicht mehr nötig. *Aladdin* hat mit der literarischen Vorlage aus *Tausendundeinenacht* kaum mehr etwas zu tun. Bevor Hollywood den muslimischen Fanatiker als perfekten Bösewicht entdeckte, benutzte es den Orient à la *Tausendundeinenacht* als eine Art exotisches Traumland, in das man sich vor dem Alltag flüchten konnte. Dies bedeutete aber nicht, daß man von der Tradition abließ, den Orient als Heimstatt der Barbarei darzustellen. Dies lehren uns zwei frühere Verfilmungen von Geschichten aus *Tausendundeinenacht*. In *Der Dieb von Baghdad* von Raul Walsh aus dem Jahr 1942 lautet die Moral, die dem Koran zugeschrieben wird: Jeder ist seines eigenen Glückes Schmied. Im Mittelpunkt der Version mit Michael Powell aus dem Jahr 1940 steht der Ruf nach politischer Reform. Abu, der Dieb, ist ein cleverer Straßenjunge, der dem Prinzen dabei hilft, den unrechtmäßigen Herrscher Jafar vom Thron zu stürzen. Dieser hatte nur deshalb an die Macht gelangen können, weil der Prinz den Kontakt zu seinem Volk verloren hatte. Abu schafft Abhilfe und führt eine Bauernrebellion herbei, um Jafar zu stürzen. Im Gegensatz dazu verkündet der Film *Aladdin* einzig und allein die Pax Americana. Verglichen mit anderen Produktionen aus dem Umfeld von *Tausendundeinenacht* ist *Aladdin* die mit Abstand schlimmste Variante. Selbst die Filme des Produzenten Ray Harryhausen wie *Sindbads siebte Reise* (1958), *Sindbads gefährliche Abenteuer* (1974) und *Sindbad und das Auge des Tigers* (1977) bewahren etwas von der Kultur, der Gesellschaft und der ursprünglichen moralische Botschaft. In *Sindbads gefährliche Abenteuer* muß der Titelheld ein Amulett finden, mit dessen Hilfe er verhindern kann, daß der böse Prinz Koura die absolute Macht erhält und die sagenhafte Stadt Marabia erobert. Im Grunde handelt es sich hierbei um eine Initiationsgeschichte. Das Amulett kann zum Guten oder Bösen verwendet werden, und Sindbad will dafür sorgen, daß es zum Guten geschieht. Sindbad betet zu Allah, damit er ihm dabei helfe, ein guter Mensch zu werden. Für ihn ist der Glaube eine bewußte Wahl. Am Ende seiner Reise ist er seines Glaubens gewiß und entdeckt, daß Freiheit wichtiger ist als Reichtum. Daher weist er die »Krone unerhörter Reichtümer« zurück und gibt sie seinem rechtmäßigen Eigentümer wieder mit den Worten: »Hat nicht Allah selbst sie in meine Hände gelegt, damit ich sie dir überreiche?«

In Hollywoodfilmen sind Muslime, Chinesen und Inder automatisch Diebe, Warlords und Terroristen, und auch der Orient wird als exotischer, zwielichtiger Ort dargestellt, wo das Leben billig und die sinnlichen Freuden groß sind. Seit Valentinos *Der Scheich* (1921) müssen die Länder östlich des Westens als Schauplatz sexueller Ausschweifungen und Perversionen herhalten, wo Frauen (und Knaben) leicht zu haben sind und unglaubliche Dinge geschehen. Spärlich bekleideten Haremsdamen und brutale Despoten in *Arabian Nights – Abenteuer aus 1001 Nacht* (1942); sexuell aufreizende Tänze in *Cleopatra* (1934 und 1963); sexuelle Versklavung von weißen Frauen in *Harem* (1985); billige Prostituierte und typhuskranke, primitive Algerier in *Himmel über der Wüste* (1990): die Liste der Filme mit orientalistischer Botschaft ist lang. Die Funktion des Orients ist immer noch die, das Andere so darzustellen, daß die Überlegenheit des Westens deutlich und sein Anspruch auf Vorherrschaft gerechtfertigt wird. Ob im Rechtssystem oder in seinen Traditionen und Gebräuchen: Der Orient braucht eine gehörige Dosis an liberalen Werten. *Midnight Express* bringt die

Botschaft auf den Punkt. Der Film erzählt die Geschichte von Billy Hayes, einem jungen Amerikaner, der in Istanbul wegen Drogenschmuggels verhaftet wird. Die türkischen Richter beschließen, ein Exempel an ihm zu statuieren, und verurteilen ihn zu dreißig Jahren Gefängnis. Die Aufseher sind Sadisten und Barbaren (wie wir das bereits aus Filmen wie *Der Unbeugsame* (1967) und *Die Verurteilten* (1994) wissen). In *Midnight Express* feiert das Bild des gewalttätigen, treulosen und unmenschlichen Sarazenen aus dem Mittelalter fröhliche Urständ. Die Aufseher stehen stellvertretend für die gesamte türkische Gesellschaft: Sie sind unzivilisiert und erkennen keinerlei soziale Regeln an. Einmal sagt Billy zu einem Richter: »Gesellschaft basiert auf Gerechtigkeit ... aber davon haben Sie ja keine Ahnung.« Das gesamte türkische Rechtssystem ist korrupt, wie Billy von seinem englischen Mitgefangenen erfährt: »Die Rechtsanwälte hängen alle mit drin ... wer in den Verdacht gerät, ehrlich zu sein, fliegt raus.« Türken sind von Natur aus verräterisch: »Jeder stößt jedem den Dolch in den Rücken, das ist die türkische Rache.« Und alle sind homosexuell: »Sie tun es, wann immer sich die Gelegenheit bietet.« Billy und sein englischer Freund Jimmy hingegen – beides verurteilte Drogenschmuggler – sind unschuldig, menschlich und tapfer, ganz im Gegensatz zu den feigen türkischen Polizisten, die außerdem noch so dumm sind, daß sie ihn als Aufseher verkleidet aus dem Gefängnis spazieren lassen. Die Worte, die Billy dem Richter gegenüber äußert, fassen sein Urteil über die Türkei zusammen: »Ihr seid ein Volk von Schweinen, und es ist vollkommen idiotisch, daß ihr sie nicht essen dürft ... Ich hasse dich, deine Nation, dein Volk.« *Midnight Express* war einer der einflußreichsten Filme der siebziger Jahre und bestimmt heute noch das Bild der Türkei.

Der Osten als Ort sinnlicher Freuden hat seinen besten Ausdruck in dem Film *Don Juan De Marco* (1995) gefunden. Johnny, der junge Held aus Queens, New York, glaubt, er sei Don Juan. Er ist unzufrieden und enttäuscht über seinen langweiligen Alltag und will daher Selbstmord begehen. Die Mythen und Fantasien, die er sich ausspinnt, sind Versuche, dieser Tristesse zu entkommen. Diese Fantasien schildert er dem Psychiater Dr. Mickler: Johnny alias Don Juan lebt als Sklave in Arabien und wird von einer Haremsdame des Sultans gekauft. Diese steckt ihn in Frauenkleider, so daß er unter all den anderen Frauen nicht auffällt. Dadurch hat er Gelegenheit, mit allen Frauen des Sultans zu schlafen – insgesamt 1500! Nach zwei Jahren hat Don Juan die Nase voll von all den Frauen und flüchtet auf einem Schiff. Das Schiff gerät in einen tropischen Sturm und sinkt. Nur Don Juan überlebt und rettet sich auf die Insel Eros, wo er die schönste Frau trifft, die er jemals gesehen hat: Donna Anna. Sie verlieben sich augenblicklich ineinander, leben am Strand und schwören sich ewige Treue. Als Anna jedoch hört, daß er bereits 1500 Frauen beigewohnt hat, verläßt sie ihn. Don Juan ist so gebrochen, daß er sterben will. Am Ende des Films ist Johnny alias Don Juan geheilt, und Mickler, sein Psychiater, bricht mit seiner Frau in Richtung Eros auf. Mickler ist sich darüber bewußt geworden, daß sein Leben die frühere Leidenschaft vermissen läßt, und genau die wollen er und seine Frau wiedererwecken. Und wie könnte es anders sein: Auf Eros treffen sie Donna Anna, die seit Ewigkeiten auf die Rückkehr ihres Don Juans wartet. Der Osten ist einmal mehr zur Projektionsfläche für westliche Sehnsüchte geworden. Am Ende des zwanzigsten Jahrhunderts erzählt *Don Juan De Marco* die alte orientalistische Geschichte neu. Erinnern wir uns: Schon im Fin de Siècle hatte Pierre Lotti mit seinen Geschichten über den sexuell freizügigen Orient eine ganze Generation französischer Dichter inspiriert.

DIE POSTMODERNE ZUKUNFT

Wie wir gesehen haben, ist der Orientalismus auch in der heutigen kulturellen Praxis präsent. Sämtliche Topoi wurden nahtlos in die Moderne integriert. Zwar ist der Orientalismus kein monolithischer Diskurs, doch sein Grundcharakter hat sich im Laufe der Geschichte kaum gewandelt. Der Stil hat sich verändert, die Meinungsvielfalt ist größer geworden, die Schwerpunkte haben sich verlagert, und doch hat sich der Orientalismus in jeder Epoche neu formiert. Vom Mittelalter über das »Zeitalter der Entdeckungen«, über die Aufklärung und den Kolonialismus bis hin zur Moderne: das gängige Bild des »Orientalen« hat sich in den Köpfen der Europäer erhalten. Die vielfältigen Varianten des Orientalismus finden ihre Entsprechung in den vielfältigen Stilen der orientalistischen Malerei. Nimmt man die Ausstellung »Orientalism: Delacroix to Klee«, die in der Kunstgalerie von New South Wales, Australien, gezeigt wurde[158], als Referenz, dann lassen sich mindestens acht stilistische Schlüsselperioden bestimmen: klassischer Orientalismus; expandierender Orient, antiker Orient, Gerome-Paradigma, Neoromantik, Impressionismus, Symbolismus (dekorativer Stil) und Avantgarde (koloniale Kunst). Die Ausstellung beginnt mit Werken von Ingres und Delacroix und zeigt, wie die klassische bzw. romantische Darstellung in den folgenden Stilepochen wieder aufgegriffen und weiterverarbeitet wurden. Der Stil ändert sich, die Konturen jedoch bleiben gleich. Auch der allgemeine Diskurs des Orientalismus funktioniert nach diesem Schema. Die unterschiedlichen Kunstformen und Kommunikationskanäle der jeweiligen Epochen greifen die Bildersprache, Ikonografie und Mythologie des alten Orientalismus wieder auf und erhalten ihn so am Leben.

In der Postmoderne hat sich daran nichts geändert. Auch hier werden die Kulturen Asiens karikiert und zum Schweigen gebracht. Deutlich wird dieser Prozeß bei den Computerspielen, die oft auf Hollywoodfilmen basieren. Spiele wie *Colonization, Merchant Colony, Empire* und *The Settlers* sind neue Schläuche für alten Wein. Sie wärmen lediglich die koloniale Sichtweise des neunzehnten Jahrhunderts wieder auf, hübsch verpackt als postmoderne Unterhaltung. In *Colonization* beispielsweise wird der Spieler dazu aufgefordert, und zwar ohne jegliche Ironie, die »zivilisatorische Tradition« fortzuführen und die dummen Eingeborenen zu »kolonisieren« und eine »neue Nation zu gründen.« *The Settlers* wartet mit gelangweilten Göttern auf, die sich dadurch amüsieren, daß sie Asiaten und Ägypter entführen. Diese werden dann auf einer einsamen Insel abgesetzt, wo sie eine Siedlung gründen und sich gegenseitig bekämpfen müssen! In anderen Spielen wie *Big Red Adventure* und *Death Gate* feiern die so genannten »Entdeckungsfahrten« fröhliche Urständ. In *Prince of Persia* (Teil eins und zwei) hat man es mit der typischen leicht bekleideten Orientalin und Schurken wie Vizir und Jafar zu tun; natürlich darf auch der amerikanisch-persische Held mit Turban nicht fehlen, der die gefangene Prinzessin befreien muß. Die moderne Unterhaltungsindustrie sorgt dafür, daß schon die Kinder mit den althergebrachten Ideen über den Orient infiziert werden.

Doch nicht nur bei Spielen ist der Orientalismus weiterhin präsent. Auch auf CD-ROMs, bei denen Unterhaltung und Lernen kombiniert werden, halten sich die alten Klischees. Obwohl die neuen Medien angeblich die Chance bieten, allen Menschen Informationen zugänglich zu machen, wird auch hier nur das überkommene Orientbild vermittelt. CD-ROM-Enzyklopädien wie *Microsoft Bookshelf, Microsoft Encarta, Compton Interactive Encyclopaedia, Hutchinson History Library* und Dorling Kindersleys *History of the World* betrachten Geschichte einzig und allein aus dem Blickwinkel der USA. Der Produzent solcher Produkte sieht Geschichte als einen Ausdruck der eigenen Identität. Die USA stehen im Zentrum, alle anderen Kulturen, selbst die europäischen, sind nur Randphänomene. Die

USA sind der Zenit der Zivilisation. Der Prototyp des zivilisierten Menschen, der am Ende der Entwicklung vom Affen zum Homo sapiens steht, ist also nicht mehr der Oxfordprofessor, sondern der Absolvent der Harvard Business School.

In *Microsoft Bookshelf* beispielsweise wird der Rest der Welt zu einem Anhängsel der amerikanischen Zivilisation. Sowohl in der Enzyklopädie als auch im Almanach findet man fast ausschließlich Hinweise zur amerikanischen Geschichte, Gesellschaft, Literatur und Kultur – der Rest der Welt wird auf Daumenkinoformat reduziert. Der Islam wird mit ein paar hundert Wörtern abgehandelt, und dem Leben und Wirken Mohammeds ist nicht einmal ein ganzer Absatz gewidmet, der sich zusammenfassen läßt in dem Satz: »Mohammeds Leben ist in Tausende von Legenden und Traditionen gehüllt.« Die Fackel der Zivilisation wurde demnach in Europa entzündet und dann direkt nach Amerika getragen, das bedeutet, die gesamte Geschichte hat nur ein Ziel: die Gründung der USA. Danach gibt es praktisch nur noch die amerikanische Zivilisation. Dorling Kinderleys *History of the World* bietet eine ähnliche Variante des Orientalismus.[159] Ab dem Zweiten Weltkrieg wird die ganze Welt nur noch aus der amerikanischen Perspektive des kalten Krieges gesehen. Die moderne Geschichte ist lediglich ein ideologischer Kampf zwischen der amerikanischen Demokratie mit ihrem libertinären Freiheitsbegriff und dem kommunistischen Gegenmodell, dessen Mängel in aller Ausführlichkeit beschrieben werden. Auch die Geschichte Asiens ist nichts weiter als amerikanischer Orientalismus. Japan zum Beispiel gerät erst mit dem Auftreten des Amerikaners Captain Perry ins Blickfeld, der mit seiner Forderung, sich der Welt zu öffnen, die Meiji-Reformen in Gang setzt und dem unbeliebten Shogun-System ein Ende setzt. Das wesentliche Ergebnis dieser Reform sei gewesen, so erfahren wir, daß sich Japan den westlichen Standards angepaßt und enorme Fortschritte auf dem Gebiet der Technologie erzielt habe. Ansonsten findet Japan nur noch einmal Erwähnung, nämlich als Gegner im

Zweiten Weltkrieg. Amerikas Sieg habe dazu geführt, daß die Länder Südostasiens unabhängig geworden seien (die Völker selbst haben dabei offenbar überhaupt keine Rolle gespielt!). Nebenbei wird noch erwähnt, daß die Philippinen, die unter amerikanischer Herrschaft gestanden hatten, ihre Unabhängigkeit erst 1947 erlangten. Im geschlagenen Japan wird unter der Aufsicht der Eroberer die Demokratie eingeführt. Die moderne Geschichte Asiens beschränkt sich auf den Vietnamkrieg und den Maoismus. In China verkam der populäre Maoismus, so erfahren wir, schnell zu kommunistischer Unterdrückung (Stichwort: Kulturrevolution). Aber nach Maos Tod baten die kommunistischen Führer Chinas »die USA, Japan und andere um Ideen und Geld«, denn nun hatten sie eingesehen, wie wichtig es ist, »daß die Menschen Waren kaufen und durch Privatwirtschaft ihre Lebensqualität verbessern.« Der Vietnamkrieg ist deshalb relevant, weil dort zwischen 1961–1973 circa 58000 Amerikaner starben und im eigenen Land eine Antikriegsbewegung entstand. Alle Darstellungen des Krieges spiegeln nur die amerikanische Erfahrung wider, und der Krieg wird allein durch den Kampf gegen den Kommunismus gerechtfertigt. Was den Islam betrifft: Dessen einzige Funktion besteht darin, der USA billiges Öl liefern. »Öl und Islam« sind praktisch deckungsgleich, was wiederum zu Aussagen führt, die vor rassistischen Vorurteilen nur so strotzen. Wieder einmal wird der Orient zum Opfer einer orientalistischen Verzerrung, die überdies als Information verkauft wird. Indem der Orientalismus Geschichte in Häppchen serviert, gelingt es ihm, jegliches Weltgeschehen nach seinen Vorgaben zu erzählen. Trotzdem gibt man dem Orient eine Geschichte, die man einer »alten Tradition« gemäß als unveränderlich und unflexibel darstellt, nur um sie im Einklang mit eigenen Interessen neu zu erzählen – voller Herablassung und mit rassistischen Untertönen.

Ein Hauptcharakteristikum der Postmoderne ist die Globalisierung. Sie ist gekennzeichnet durch schwindende Grenzen, Kommunikation in Echtzeit und einer Unterhaltungskultur, die den ganzen Erdball überzieht. Die westliche Unterhaltungsindustrie schafft ihre Produkte für ein globales Publikum und entwertet damit die Welt – die westliche inklusive. Der alte europäische Kolonialismus wurde abgelöst und durch eine neoimperialistische Supermachtpolitik ersetzt. In einer solchen Welt wird der Orientalismus zu einem Instrument, um einerseits diesen Machtanspruch durchzusetzen und andererseits alles abzuwehren, was diese Macht gefährden könnte. Der »arabische Terrorist« als Symbol für den Islam im Allgemeinen tauchte, wie ich in Kapitel vier gezeigt habe, genau in dem Moment auf, als Amerika begann, den Islam als Bedrohung zu sehen. Dieses Klischee ist die Antwort auf den kurzfristigen Anstieg des Ölpreises, die iranische Revolution, das allgemeine Erwachen der muslimischen Welt und die Aktivitäten einiger Scheinverbündeter, die nun zu teuflischen Gegnern wurden. Die Auflösung des Ostblocks hat diesen Prozeß noch verstärkt. Das Vakuum, das durch den Verlust des alten Erbfeindes Sowjetunion entstand, wurde gefüllt durch eine erhöhte Sensibilität für eine viel ältere Bedrohung der amerikanischen Vorherrschaft. Der wissenschaftliche Orientalismus hat dazu beigetragen, daß man den Islam mit muslimischem Fundamentalismus gleichsetzen konnte. Nun mußte man nur noch die Kalaschnikow gegen den Krummsäbel auswechseln.

Auch Japan sah sich diesem neuen Orientalismus ausgesetzt. So wie das Christentum zu Beginn des Jahrtausends im Islam ein »Problem« gesehen hatte, sieht sich Amerika zur Jahrtausendwende mit dem »Problem Japan« konfrontiert. Auch wenn Japan nie eine westliche Kolonie war, so hat es doch christliche Missionare auf brutale Weise außer Landes verwiesen und europäische Kaufleute und Diplomaten unterdrückt. Wie der Orient galt auch Japan als exotisch, als Land der Geishas. Japan wurde bewundert für seine Ästhetik (erlesene Gärten, erstaunliche Architektur, seltsames Kabuki-Theater und lustige Teezeremonien) und gefürchtet für seine unmenschliche Kriegstradition (*Samurai, Bushido, Ninja, Kami-*

kaze). Die Japaner sah man als emotionslose Roboter, die vollkommen in ihrer Zen-Spiritualität und Kriegsästhetik aufgehen. Doch im Gegensatz zum restlichen Orient entdeckte Japan seine eigene Vergangenheit. Japanologie war weitgehend eine Sache der Japaner, und daher konnte der Westen auf diesem Gebiet auch nicht die gleiche Autorität ausüben wie gegenüber dem Islam, Indien oder China. Daß Japan im apokalyptischen Zweiten Weltkrieg niedergerungen werden mußte, stellte kein Problem dar, solange es den Westen imitierte, die westliche Technologie in sich aufnahm, westliche Ideen importierte und reinterpretierte, denn dadurch blieb es zahm. Solch ein Japan war der lebende Beweis dafür, daß die Geschichte in einem linearen Prozeß auf ihren Höhepunkt zulief: die westliche Kultur. Es war ein Japan, das zu den westlichen Forderungen immer »ja« sagte. Doch dieses Japan gibt es nicht mehr. Statt dessen haben wir es jetzt zu tun mit *The Japan That Can Say No.*[160] Es ist ein neues Japan, das asiatische Werte hochhält und trotz einiger ökonomischer Rückschläge auf seine eigene Zukunft vertraut. Außerdem handelt es sich um ein technologisch fortschrittliches Land, das seine eigene, »japanisierte« Technologie besitzt. »Wenn die Zukunft in der Technologie liegt«, schreiben David Morley und Kevin Robins, »und wenn die Technologie ›japanisiert‹ wird, dann könnte man den Syllogismus zu Ende führen und behaupten, daß die Zukunft in Japan liegt. Die postmoderne Epoche wird eine pazifische sein. Japan ist die Zukunft, und wie es scheint, transzendiert und ersetzt diese Zukunft die westliche Moderne.«[161] Plötzlich wird Japan zu einem »Problem«, zu einer Bedrohung. Und schon wird das Japanbild dunkler.

Den Anfang machte der Film *Das kleine Teehaus* (1956), in dem Marlon Brando einen fleißigen japanischen Bauern spielt, der zwischen seinen Landsleuten und den amerikanischen Siegern und Erziehern vermittelt. Die unschuldigen, wohlwollenden Amerikaner erteilen den Japanern Nachhilfestunden, damit sie ein Teil der Moderne werden können. Brando spielt in dem Film ein humorvolles Schlitzohr. In *Black Rain* (1989) wollen die bösen Japaner die USA mit Dollarblüten überschwemmen. Und in dem unverhohlen rassistischen Film *Die Wiege der Sonne* (1993) heißt der Schurke Eddie Sakamura und ist ein japanischer Firmenboß, der sich im Schattenland zwischen Geschäft und Verbrechen bewegt. Durch diese Art von Filmen erhält das Japanbild einen entschieden orientalistischen Anstrich. Eine Folge der beliebten Fernsehserie *L. A. Laws* bietet uns einen vollständigen Diskurs zu dem »Problem« Japan. Es geht um drei amerikanische Manager, deren Firma von einem japanischen Unternehmen gekauft wurde. Obwohl man ihnen versprochen hat, daß sie ihre Posten behalten dürfen, werden sie ausgetrickst und gefeuert. Der afroamerikanische Anwalt weiß, was er zu tun hat: Er spielt die Rassismuskarte. Er beweist, wie andersartig und unflexibel die japanische Unternehmenskultur ist: Alle Angestellten müssen sich den japanischen Gepflogenheiten anpassen, und Frauen haben in dieser Welt keinen Platz. In seinem Schlußplädoyer schürt der afroamerikanische Anwalt bei den Geschworenen die Angst vor der gelben Gefahr und entpuppt sich so als übler Rassist. Die Japaner seien dabei, behauptet er, alle amerikanischen Immobilien in Los Angeles aufzukaufen und bedrohten so die westliche Zivilisation. Der *L. A. Law*-Anwalt gewinnt und schlägt für seine Klienten eine hohe Entschädigung heraus.

Der Japaner als Gefahr für die amerikanische Kultur: Niemand verkörpert ihn besser als Shredder, der Schurke aus *Teenage Mutant Ninja Turtles*. Er lebt in der Kloake und setzt seine Ninja-Techniken ein, um Amerikas Kultur zu unterhöhlen. Nur die Turtles, Pizzafans und Vorzeigeamerikaner, können ihm Einhalt gebieten. Diesen Darstellungsweisen liegt die tief verwurzelte Angst zu Grunde, daß »Japans Anderssein bestehen bleiben wird und der westlichen Vernunft nicht zugänglich ist, der Angst auch, daß der Westen selbst von dem orientalischen Anderen überrollt wird.«[162] Diese Mischung aus Angst und »japanischem Problem« hat eine neue Orientalismusvariante hervorgebracht: den Techno-Orientalismus. In den Worten von Toshiya Ueno zeichnet er sich dadurch aus, daß er »Japan als ›Roboterkultur‹ konstruiert, als das ›automatisierte Andere‹ des Westens.«[163] Beispiele und Zutaten kennen wir alle: Manga-Comics und Trickfilme, *Godzilla*, gewaltverherrlichende Filme wie *Tetsuo* (1989), Videospiele, Videokameras, Videotelefone, Technopornos, Faxgeräte, Telefon, Computer, Hightech-Gebäude, Hochgeschwindigkeitszüge und überfüllte Städte. Manchmal werden diese Elemente auch zu Büchern zusammengemixt wie in William Gibsons *Neuromancer* oder zu Filmen wie *Blade Runner* (1982). Morley und Robins schreiben:

> »Dieser Techno-Orientalismus hat noch eine ärgerlichere Seite: seinen aggressiven Rassismus. Die Verquickung von Technik und Japanertum dient dazu, das Bild einer Kultur zu verstärken, die kalt, unpersönlich und maschinenhaft ist, eine autoritäre Kultur, die keinerlei emotionale Beziehung zum Rest der Welt hat. Die Otaku-Generation – Kinder, die durch ihr Eintauchen in die Computerwelt den Bezug zum Alltag verloren haben – symbolisieren dieses Phänomen. Diese Kinder werden in unserer Vorstellung zu Maschinen; sie stellen eine Art kybernetischen Seinsmodus der Zukunft dar. Damit ist das Bild des Japaners als inhumanem Wesen in der Welt. Im politischen und kulturellen Unterbewußten des Westens ist Japan zum Symbol für eine leere, entmenschlichte Technik geworden, zur entfremdeten, dystopischen anderen Seite des kapitalistischen Fortschritts. Dies weckt Groll und Neid. Die Japaner sind gefühllose Aliens; sie sind Cyborgs und Replikanten. Zugleich hat man das Gefühl, daß diese Mutanten in der Zukunft bessere Überlebenschancen haben. Die Otaku sind postmoderne Menschen. Oder in den Worten Baudrillards: Die Zukunft hat sich in Richtung künstlicher Satelliten verschoben.[164]

Das Bild des unmenschlichen und autoritären japanischen Orients – eine logische Fortführung von Pearl S. Bucks Ansichten zu China – stellt eine weitere Verbindung her, die lange zurückreicht, zu einem Mann, der schon einmal den Orientalen als kaltherzigen, grausamen Bösewicht mit Welteroberungsplänen dargestellt hat: Marco Polo. Doch letztlich lassen sich die verschiedenen Orienttypen nicht auf ein einziges Muster reduzieren. Der Orient ist mal leidenschaftslos, mal fanatisch; mal diszipliniert, wenn es um die Kunst der Grausamkeit geht, mal ausschweifend, wenn andere Künste gefragt sind; familiäre Bindungen spielen einerseits eine große Rolle, andererseits mangelt es an emotionaler Wärme. Der Orient ist ein Ort bizarrer Traditionen und Verhaltensweisen, die mal komisch, mal bedrohlich, mal furchterregend sind. Nur ein Konstrukt kann so viele Eigenschaften in sich vereinen, nur ein Konstrukt kann problemlos den jeweiligen Bedürfnissen angepaßt werden. Das orientalistische Konstrukt ist wandlungsfähig und komplex, alt und vertraut, und besitzt die Eigenschaft, sich mühelos allen neuen Begebenheiten anzupassen, ohne jedoch die alten Vorstellungen ganz über Bord zu werfen. Die Kohärenz wird gewahrt, indem man die Klischees miteinander verknüpft. Und da es den »einen« Orient nicht gibt, sind auch der Konstruktion des Orients keine Grenzen gesetzt. Der Orient ist ein Wunderland, in dem alles möglich ist. Er bietet alle Voraussetzungen für eine Osmose mit der jeweiligen Kultur des Betrachters. Widersprüche führen nicht zu einer kritischen Neubetrachtung, sondern werden sofort in das Gesamtbild integriert. Das alte Bild wird beibehalten, die neuen Feinheiten werden eingearbeitet. Dieser Prozeß ist dem westlichen Denken so inhärent, daß er vollkommen unbewußt verläuft. Das westliche Bewußtsein bringt eine Definition des Begriffs Westen nach der anderen hervor, ein Orientbild nach dem anderen, ohne daß es überhaupt jemand bemerkt. In der Postmoderne wurde der Orient globalisiert. Er ist nun überall, und daher kann ihn auch überall die Umdeutungsmaschinerie der vorherrschenden westlichen Ideologie treffen: Nichts anderes ist Orientalismus.

Im Augenblick werden wir Zeuge, wie ein neuer Orient konstruiert wird: Europa. Das Europabild der Amerikaner weist das typische orientalistische Muster auf. Nehmen wir zum Beispiel England. In amerikanischen Filmen wird das Land so präsentiert, als wäre dort die Zeit stehen geblieben. In *Ein Zwilling kommt selten allein* (1998) sind alle Engländer reich und adlig, und London wird als archaisch, traditionell und »exotisch« dargestellt. In der beliebten Fernsehserie *Frasier* spricht Daphne mit einem englischen Akzent, was demonstrieren soll, wie altbacken sie ist. Im Gegensatz zu dem cleveren, geistreichen Frasier und seinem ebenfalls weltgewandten Bruder Niles ist Daphne nicht nur dumm, sondern so sehr ihrer antiquierten Kultur verhaftet, daß sie die moderne Welt gar nicht mehr begreift. Die englischen Schurken in *Stirb langsam* (1988) und *Stirb langsam 3 – Jetzt erst recht* (1995) weisen all die Charaktereigenschaften auf, die sonst die arabischen Terroristen kennzeichnen: Sie sind gierig und rachsüchtig, böse und gewalttätig und vollkommen unmenschlich. In den beiden Folgen der Serie *Friends*, die in London spielen, werden stereotype Bilder – Westminster Abbey, Big Ben, Tower of London – mit dem einzigen Zweck präsentiert, England als rückständig darzustellen. In einer der Episoden heiratet Ross, eine der Hauptfiguren, seine neue englische Freundin Emily. Im Vergleich zu den drei anderen Frauen der Serie – Rachel, Monica und Phoebe –, die zwar hirnlos, aber attraktiv sind, fehlt Emily jeglicher Reiz; sie ist ein humorloses, häßliches Entlein, die wie Daphne aus *Frasier* mit merkwürdigem Akzent spricht. Ihre schrecklichen Eltern sind so verkommen, daß es ihnen nur um das Geld der zukünftigen Schwiegereltern ihrer Tochter geht. Der Vater von Ross wiederum nennt Emilys Vater einen »billigen Gauner«. Emilys Haushälterin kommt direkt aus dem neunzehnten Jahrhundert. Einmal weist sie Phoebe zurecht: »Junges Fräulein, Sie wissen wohl nicht, wie man telefoniert. Erst nennt man seinen Namen, dann fragt man höflich nach der Person, die man zu sprechen wünscht.« Die alte Kirche, in der Emily heiraten will, ist längst verfallen. Doch glücklicherweise hat Ross die rettende Idee: Er läßt die Kirche teilweise restaurieren, damit die Hochzeit stattfinden kann. Die Botschaft ist klar: England ist ein antiquiertes Land, in dem schreckliche Leute leben, die mit einem merkwürdigen Akzent sprechen. Wenn jemand dieses Land vor sich selbst retten kann, dann die Amerikaner. Die englische Presse fand diese Darstellung Englands »erniedrigend« und »beleidigend«: Willkommen im Klub! Eines jedenfalls wird deutlich: Das Prinzip des Orientalismus besteht darin, andere Kulturen negativ darzustellen, damit die Überlegenheit der eigenen Kultur um so deutlicher wird. Und deshalb ergeht es den Engländern heute nicht besser als den anderen östlichen Kulturen. Die Amerikaner schreiben die Geschichte eines Landes so lange um, bis sie den eigenen Zwecken dienlich ist, selbst wenn dabei die Logik auf der Strecke bleibt. Und dies ist – auch im Falle Amerikas – kein Selbstzweck. Der Orientalismus trägt zur Selbstdefinition der dominanten Kultur bei. Es ist richtig, daß man die Geschichte eines Landes nicht ein für alle Mal festhalten kann. Jedes Zeitalter muß sie neu schreiben, muß neue Entwicklungen und Denkweisen mit einarbeiten, damit sie den neuen Generationen verständlich bleibt. Der Orientalismus aber funktioniert anders. Während die Geschichte der dominanten Kultur umgeschrieben und angepaßt wird, sitzt die Kultur des Orients in der Falle, ist der eigenen Stimme beraubt. Und je vertrauter die Bilder werden, die auf diese Weise entstehen, desto schwieriger wird es, zu einer echten Verständigung zu kommen.

Die Postmoderne hat den Orientalismus in ihr System integriert. Eines ihrer Hauptmerkmale ist das Lustprinzip, was den Orient, der schon immer als Inbegriff von Sinnlichkeit galt, bestens kompatibel macht. Die Postmoderne geht davon aus, daß jeder seine eigene Identität aus den Versatzstücken der Geschichte zusammenbastelt. Und da der Orientalismus ein Repräsentationssystem ist, das sich mühelos den jeweiligen Verhältnissen anpassen kann, erfüllt er alle Voraussetzungen, um sich in den postmodernen Diskurs einzugliedern.

Nun könnte man den Orientalismus aber auch dekonstruieren, ihn entlarven als eine alte Meta-Narration, die es zu zerstören gilt. Da jedoch der Orientalismus die gleichen Konstruktionsmuster aufweist wie die Postmoderne, löst sich jeder kritische Ansatz in der Welt des *anything goes* auf. Es gibt kein Entkommen. Damit sind wir wieder bei *M. Butterfly*. Der Westen würde lieber sterben, als auf ästhetischem Gebiet das Lustprinzip aufzugeben, denn die Ästhetik ist ein Grundprinzip der Postmoderne. Statt dessen weitet die Postmoderne das Projekt des Orientalismus noch weiter aus und stößt in unbekannte Regionen vor.

Der Orientalismus ist kein monolithisches Gebilde, sondern ein flexibles Konstrukt des westlichen Denkens. Und dieses Konstrukt ist so vielfältig wie die westliche Kultur selbst. Der Orientalismus konnte überleben, weil er sich immer wieder den neuen Verhältnissen angepaßt hat. Der Orientalismus ist Gedächtnis, Vorstellungskraft und jeweilige Nützlichkeit in einem Repräsentationsprozeß, der Wissen und Informationen strukturiert. Der Orientalismus ist kein rein akademischer, sondern ein allgemein-kultureller Diskurs, weil er festlegt, was man über den Orient weiß und für selbstverständlich hält. Gerade in der Unterhaltungskultur beweist dieser Diskurs seine Kraft. Orientalismus ist allgegenwärtig und mächtig. Daher scheitern alle Verschwörungstheorien, die im Orientalismus das bewußte Vorgehen einer bestimmten Regierung sehen. Hinter dem Orientalismus steckt kein bewußter Plan. Er ist so vielfältig und so tief im Unbewußten des Westens verwurzelt, daß es keinen Ausweg zu geben scheint. Die Rezeption und Sensibilität des westlichen Menschen ist von einem solchen Hintergrundlärm überlagert, daß sich die Völker des Orients nicht mehr verständlich machen können. Wenn der Orientalismus eine bewußte Verschwörung wäre, die kausalen Gesetzen gehorcht, dann wäre es wesentlich leichter, gegen ihn anzugehen. So bleibt nur die Möglichkeit, seine Präsenz im Unbewußten des Westens aufzudecken. Eine Besserung wird erst eintreten, wenn man die Völker des Orients tatsächlich zu Wort kommen läßt, wenn man ihnen wirklich zuhört und zur Kenntnis nimmt, was sie denken, wissen, fühlen, wie sie zu sich selbst, ihrer Kultur und ihrer Geschichte stehen. Die Vorstellung, daß es so etwas wie einen authentischen, unwandelbaren Orient gibt, muß über Bord geworfen werden. Allen Kulturen muß zugestanden werden, daß es in ihnen eine Mischung gibt aus Wandel und Kontinuität, aus Verzerrungen und Vorurteilen, daß sie sich immer wieder neu erfinden und ihre Geschichte neu formulieren. Wenn dies erst einmal erreicht ist, wird es viel Diskussionsstoff zwischen den verschiedenen Völkern geben, denn weder der Orient noch der Okzident stehen jemals still. Um eine pluralistische Zukunft zu gewährleisten, muß der Orientalismus überwunden werden. Es kann nicht sein, daß einige Völker gegen die verzerrende Perspektive althergebrachter Vorstellungen ankämpfen müssen, und seien diese dem Westen auf unbewußter Ebene noch so lieb geworden. Solange man nicht begreift, daß die orientalistische Darstellung des Orient ein Zerrbild ist, das nichts mit der Realität zu tun hat, wird es keine pluralistische Zukunft geben, die auf gegenseitigem Verständnis und Respekt beruht. Sollte uns dies nicht gelingen, werden weiterhin Konflikte, Mißtrauen und Marginalisierung unser Leben bestimmten, die eigentliche Erblast des Orientalismus.

ANMERKUNGEN

1 Federici, S., »The God that never failed: the origins and crisis of western civilization« in Silvia Federici (ed.), *Enduring Western Civilisation* (Westport, Connecticut, 1995), S. 66
2 Evidence to Select Committee of the House of Commons (1781) vol. 37, S. 107
3 Wright, T. (ed.), *The Travels of Marco Polo* (New York, 1981)
   dt. *Von Venedig nach China: die größte Reise des 13. Jahrhunderts* (München, 2001)
4 Wittfogel, K., *Oriental Despotism* (New York, 1981)
   dt. *Die orientalische Despotie: eine vergleichende Studie totaler Macht* (Frankfurt am Main, 1981)
5 Siehe Wood, F., *Did Marco Polo Go to China?* (London, 1995)
6 Siehe Williams, G.A., *Excalibur* (London, 1994)
7 Im Englischen der damaligen Zeit hießen alle Länder jenseits Europas »the Indies«, weshalb Kolumbus die Ureinwohner Amerikas Indianer nannte. Noch heute heißen die karibischen Inseln im Englischen »the West Indies«.
8 Crone, P./Cook, M., *Hagarism: The Making of the Islamic World* (Cambridge, 1977)
9 Southern, R.W., *Western Views of Islam in the Middle Ages* (Cambridge, Massachusetts, 1962), S.7
   dt. *Das Islambild des Mittelalters* (Stuttgart, 1981)
10 Ibid, S. 23–24
11 Ibid., S. 25
12 Williams, G.A., op.cit., S.120
13 Roger zitiert in Southern, op.cit., S.59

14 Campbell, M.B., *The Witness and the Other: Exotic European Travel Writing 400–1600* (Ithaka, NY, 1988), S. 48

15 Mandeville, Sir John, *The Travels of Sir John Mandeville* (Harmondsworth, 1983), S. 180
dt. *Die Reisen des Ritters John Mandeville* (München, 1983), S. 92

16 Preface to *Travels of Sir John Chardin into Persia and the East Indies* (1686)

17 Zitiert von Latham, J.D., »Arabic and Islamic Studies in the UK«, *New Books Quarterly*, 1:2–3, 1981, S. 67

18 Hamilton, A., *William Bedwell, the Arabist* (Leiden, 1985), S. 67

19 Prideaux, H., *Mahomet: The True Nature of the Imposter Fully Displayed in the Life of Mahomet* (1697)

20 Ibid.

21 Ibid.

22 Heylyn, P., *Cosmographie* (1682)

23 De Baer, E.S. (ed.), *Correspondence of John Locke* (Oxford, 1967), vol. I., S. 353

24 Maundrell, H., *Journey from Aleppo to Jerusalem at Easter* (1697), S. 53)

25 de Thevenot, A., *Travels of Monsieur de Thevenot into the Levant* (1686), pt i, S. 58

26 Rycaut, Sir Paul, *Present State of the Ottoman Empire* (1668), S. 32

27 *Works of Sir William Temple* (1814), vol. III, S. 390

28 Bernier, F., *Travels in the Mughal Empire* (1914), S. 231

29 de Thevenot, op.cit., pt i, S. 58

30 Baines, Sir Thomas, *Early Travel Voyages and Travels in the Levant* (1893), S. 271

31 Terry, E., *A Voyage to the East Indies* (1655), S. 346

32 Boxer, C. (ed.), *South China in the Sixteenth Century: Being the Narratives of Galeote Pereira, Fr. Gaspar da Cruz, OP, Fr. Martin de Rada, OESA* (London, 1953)

33 Ricci, M., *China in the Sixteenth Century Journals 1583–1610*, übers. und hg. von L. Gallagher (New York, 1953)

34 Lach, D. (ed.), *Leibniz Novissima Sinica – Latest News from China* (Honolulu, 1957), S. 46f.

35 Montesquieu, *Spirit of the Laws* (1748), S. 280
dt. *Vom Geist der Gesetze* (Stuttgart, 1994)

36 Voltaire, *History of Manners and Spirit of Nations* (1756), XXIV. S. 28 f.
   fr. *Essai sur les mœurs et l'esprit des nations* (1753)
37 Ferguson, A., *An Essay on the History of Civil Society*, hg. von D. Forbes (Edinburgh, 1986)
   dt. *Versuch über die Geschichte der bürgerlichen Gesellschaft* (Frankfurt am Main, 1988)
38 Marshall, P.G./Williams, G., *The Great Map of Mankind* (London, 1982), S. 87
39 von Herder, J.G., *The Outline of a Philosophy of the History of Man* (1784), S. 197 f. und 296
   dt. *Ideen zur Philosophie der Geschichte der Menschheit*, hg. von Martin Bollacher (Frankfurt am Main, 1955), S. 439
40 Marshall and Williams, op.cit., S. 176
41 Holwell, J.Z., *Interesting Historical Events Relative to the Province of Bengal and the Empire of Indostan* (1767), S. 70
42 Reynal, A., *A Philosophical and Political History of the Settlement and Trade of the Europeans in the East and West Indies* (1777), vol. I., S. 38
43 Marshall, P.G., *The British Discovery of Hinduism in the Eighteenth Century* (Cambridge, 1970), S. 43 f.
44 Zitiert in Marshall, P.G. (ed.), *Writing and Speeches of Edmund Burke* (Oxford, 1981), S. 140 ff.
45 Marshall/Williams, op.cit., S. 158
46 Ibid., S. 94
47 Mandeville, Sir John, *Travels*, op.cit., S. 189
48 Grant, C., Letter to Methodist minister Thomas Coke, in *Life of Thomas Coke* (London, 1815), S. 201
49 Zitiert in Kabbani, R., *Europe's Myths of the Orient* (London, 1986), S. 34
50 Ibid., S. 59
51 Djait, H., *Europe and Islam* (Berkeley, 1985), S. 29
52 Dougthy, C.M. (1888), *Travels in Arabia Deserta* (New York, 19), Bd. I., S. 21
   dt. *Reisen in Arabia deserta: Wanderungen in der arabischen Wüste 1876–1878* (Köln, 1979)
53 Ibid., Bd. II, S. 405
54 Ibid., Bd. II, S. 22

55 Al-Sayyid, A.L., *Egypt and Cromer* (London, 1968), S.77
56 Ibid., S.143
57 Cromer zitiert in Said, E., *Orientalism* (London, 1978)
58 Byron, Lord, »Notes to Childe Harold's Pilgrimage«, *The Poetical Works* (London, 1960), S.884
59 Kabbani, op.cit., S.84f.
60 Zitiert bei Thornton, L., *The Orientalists: Painter-Travellers* (Paris, 1994), S.152
61 Hegel, *Lectures on the Philosophy of History*, zitiert in Djait, H., *Europe and Islam* (Berkeley, 1985), S.80
dt. *Vorlesungen über die Philosophie der Geschichte* (Stuttgart, 1989)
62 Said, op.cit., S.154
63 Spengler, O., *The Decline of the West* (New York, 1939)
dt. *Der Untergang des Abendlandes* (Müchen, 1998)
64 Iqbal, Sir Muhammad, *Reconstruction of the Religious Thought in Islam* (Lahore, 1971), S.142f.
65 Toynbee, A., *A Study of History* (Oxford/London, 1972)
66 Jameelah, M., *Islam and Orientalism* (Lahore, 1971), S.105
67 Tibawi, A.L., *English Speaking Orientalists: A Critique of their Approach to Islam and Arab Nationalism* (London, 1964), S.8
68 Ibid., S.9
69 Ibid., S.11 (alle Zitate finden sich in demselben Absatz)
70 Ibid., S.13
71 Ursprünglich veröffentlicht in *Diogène* (1963), 44., S.109–142. Die Zitate stammen alle aus: Anouar Abdel-Malek, *Civilisation and Social Theory* (London, 1981), in dem das Papier noch einmal abgedruckt wurde (S. 75f.).
72 Ibid., S.76
73 Ibid., S.76
74 Ibid., S.77
75 Ibid., S.77
76 Ibid., S.79
77 Ibid., S.80
78 Swettenham, zittiert in Alatas, S.H., *The Myth of the Lazy Native* (London, 1977), S.45
79 Ibid., S.72
80 Ibid., S.72

81 Ibid., S.72f.
82 Ibid., S.75
83 Djait, H., *Europe and Islam* (Berkeley, 1985), 169f.
84 Ibid., S.173
85 Ibid., S.6
86 Ibid., S.171–2 (alle Zitate finden sich in demselben Absatz)
87 Ahmad, A., *In Theory: Classes, Nations, Literatures* (London: 1992), Kapitel 5
88 Postum zusammengestellt in Hodgson, M.G., *Rethinking World History* (Cambridge, 1993)
89 Hodgson, M.G., *The Venture of Islam* (Chicago, 1974; 3 Bd.)
90 Clifford, J., *The Predicament of Culture: Twentieth-century Ethnography, Literature and Art* (Cambridge, 1988), S.267
91 Said, E., *Orientalism* (London, 1987), S.1
    dt. *Orientalismus* (Frankfurt am Main, 1994)
92 Ibid., S.3
93 Ibid., S.41f.
94 Ibid., S.203
95 Ibid., S.94
96 Lewis, B., *Islam and the West* (New York, 1993)
97 Gellner, E., »The mightier pen? Edward Said and the double standards of inside-out colonialism«, *Times Literary Supplement*, 19.2.1993
98 Fox, R.G., »East of Said« in M. Sprinker (ed.), *Edward Said: A Critical Reader* (Oxford, 1992), S.145
99 MacKenzie, J., *Orientalism: History, Theory and the Arts* (Manchester, 1995), S.208ff.
100 Ibid., S.215
101 Young, R., *White Mythologies: Writing History and the West* (London, 1990), S.129
102 Porter, D., »Orientalism and its Problems« in P. Williams/ L. Chrisman (eds.), *Colonial Discourse and Post-Colonial Theory* (Hertfordshire, 1993), S.151
103 Ibid., S.152
104 Ibid., S.153
105 Said, op.cit., S.328
106 Young, op.cit., S.227f.
107 Ahmad, op.cit., S.164

108 Ibid., S.168
109 Young, op.cit., S.127
110 Richardson, M., »Enough Said – Reflexions of Orientalism«, *Anthropology Today*, 6:4, 1990, S.16ff.
111 Said, E., *The Politics of Disposession* (New York, 1994), S.388
112 Said, E., *Covering Islam* (New York, 1981), S.41
113 Said, E., »Orientalism Reconsidered« in F. Barker u.a. (eds), *Europe and Its Others* (Colchester, 1985; 2 Bd.)
114 Said, E., *The World, the Text and the Critic* (Harvard, 1983), S.290
dt. Die Welt, der Text und der Kritiker (Frankfurt am Main, 1997)
115 Makdisi, G., *The Rise of Humanism in Classical Islam and the Christian West* (Edinburgh, 1990); und Makdisi, G., *The Rise of the Colleges: Institutions of Learning in Islam and the West* (Edinburgh, 1981)
116 Said, E., *Representation of the Intellectual* (London, 1994)
dt. *Götter, die keine sind: der Ort des Intellektuellen* (Berlin, 1997)
117 Robbins, B., »East is a career« in M. Sprinker (ed.), op.cit., S.50
118 Dies ist ein umkämpftes Terrain. Siehe das Unverständnis von M. Harris in *The Rise of Anthropological Theorie* (London, 1969), in dem sie genau den Punkt aufgreift, den M. Hodgen in *Early Anthropology in the Sixteenth Century* (Philadelphia, 1964) macht.
119 Marshall, P.G./Williams, G., *The Great Map of Mankind* (London, 1982), S.143
120 Cantwell, Smith W., *Islam in the Modern World* (Princeton, 1957)
121 Gibb, H.A.R., *Modern Trends in Islam* (Chicago, 1947)
122 Hitti, P.K., *Islam and the West* (Princeton, 1962)
123 Cantwell Smith, op.cit., S.110
124 Cragg, K. in der Zusammenfassung von J. Qureshi in A. Hussain / J. Qureshi u.a. (eds.), *Orientalism, Islam and Islamists* (Battleboro, 1984), S.211ff.
125 Anderson, N.; *Islam and the Modern World: A Christian Perspective* (Leicester, 1990)
126 Crone, P./Cook, M., *Hagarism: The Making of the Islamic World* (Cambridge, 1977)

127 Cook, M., *Muhammad* (Oxford, 1983)
128 Pipes, D., *In the Path of God: Islam and Political Power* (New York, 1954)
129 Binder, L., *Islamic Liberalism* (Chicago, 1988), S.106
130 Ibid., S.107
131 Cook, op.cit., S.37f.
132 Laffin, J., *The Dagger of Islam* (London, 1991)
  dt. *Islam* (München, 1991)
133 Fukayama, F., *End of History and the Last Man* (London, 1992)
  dt. *Das Ende der Geschichte* (München, 1992)
134 Huntington, S., »The Clash of Civilizations«, *Foreign Affairs*, 72 (3), Juli/August 1993, S.22–49
  dt. *Kampf der Kulturen* (München, 1998)
135 Soguk, N., »Reflections on the ›Orientalised Orientals‹«, *Alternatives* 18, 1993, S.363
136 Zitiert in Edwards, M., *Raj* (London: 1969), S.151
137 Vittachi, V.T., *The Brown Sahib Revisited* (Delhi, 1987), S.14
138 Singer, M.R., *The Emerging Elite* (Cambridge, Massachussetts, 1964), S.47
139 Siehe Ibrahim, S.E./Hopkins, N.S. (eds.), *Arab Society* (Cairo, 1985)
140 Naipaul, V.S., *Among the Believers: An Islamic Journey* (London, 1981), dt.*Eine islamische Reise: Unter den Gläubigen* (Köln, 1982)
141 Rushdie, S., *The Satanic Verses* (London, 1988)
  dt. *Die satanischen Verse* (München, 1997)
142 Naipaul, op.cit., S.16 (dt. S.27)
143 Ibid., S.14 (dt. S.24)
144 Siehe Geoffrey Chaucer, *The Canterbury Tales: A Selection*, ed. D.R. Howard (London, 1998), S.78
145 Naipaul, V.S., *Beyond Belief: Islamic Excursions Among the Converted Peoples* (London, 1998)
  dt. *Jenseits des Glaubens. Eine Reise in den anderen Islam* (Hildesheim, 1982)
146 Daniel, N., *Islam and the West* (Oxford, 1993), S.17
147 Nandy, A., *Traditions, Tyranny and Utopias* (New Delhi, 1987), S.15
148 Updike, J., *The Coup* (New York, 1978)
  dt. *Der Coup* (Reinbek, 1981)

149 Caputo, P., *The Horn of Africa* (London, 1982)
150 Randall, J., *The Jihad Ultimatum* (New York, 1988)
151 Forsyth, F. *The Fist of God* (London, 1994)
     dt. *Die Faust Gottes* (München, 1994)
152 Carson, M., *Friends and Infidels* (London, 1989)
153 Nadel, A., »A whole new (Disney) world order: *Aladdin*, atomic power and the Muslim Middle East« in M. Bernstein/G. Studlar (eds.), *Visions of the Orient: Orientalism in Film* (London, 1997), S.184
154 Nadel, op.cit., S.185
155 Spence, J., *The Great Chan's Great Continent: China in Western Minds* (New York, 1998), S.167
156 Ibid., S.140
157 Nadel, op.cit., S.199
158 Siehe Beaulieu, J., »Re-viewing Orientalism«, *Third Text*, 43: 89–101, 1998
159 Siehe Sardar, Z., *Postmodernism and the Other* (London, 1998), 3. Kapitel
160 Ishihara, S., *The Japan That Can Say No* (New York, 1991)
     dt. *Wir sind die Weltmacht: warum Japan die Zukunft gehört* (Bergisch Gladbach, 1992)
161 Morley, D./Robins, K., *Spaces of Identity* (London, 1995), S.168
162 Ibid., S.162
163 Ueno, T. (1997), »Japanimation and Techno-Orientalism« in M.B. Roetto (ed.), *ISEA 96 Proceedings: Seventh International Symposium on Electronic Art* (Rotterdam: ISEA 96 Foundation, 1197)
164 Morley/Robins, op.cit., S.179

LITERATURVERZEICHNIS

A. Abdel-Malek, *Civilizations and Social Theory*, London 1981
A. Ahmad, *In Theory: Classes, Nations, Literatures*, London 1992
L. Ahmed, *Women and Gender in Islam: Historical Roots of a Modern Debate*, New Haven 1992
S.H. Alatas, *The Myth of the Lazy Native*, London 1977
M. Alloula, *The Colonial Harem*, Minneapolis 1986
T. Asad, *Anthropology and the Colonial Encounter*. London 1973
J. Beaulieu, ›Re-viewing Orientalism‹, *Third Text*, 43: 98–101
M. Bernstein/G. Studlar, *Visions of the East: Orientalism in Film*, London 1997
L. Binder, *Islamic Liberalism*, Chicago, 1988
T. Brenan, *Salman Rushdie and the Third World*, London 1989
M.B. Campbell, *The Witness and the Other: Exotic European Travel Writing 400–1600*, Ithaka, 1988
R. Chow, *Writing Diaspora: Tactics of Intervention in Contemporary Cultural Studies*, Bloomington 1993
J. Clifford, *The Predicament of Culture: Twentieth-century Ethnography, Literature and Art*, Cambridge, Massachusetts 1988
R. Coury, ›The persistence and rehabilitation of Orientalism‹, *Third Text*, 39, 1997: 67–76
N. Daniel, *Islam, Europe and Empire*, Edinburgh 1966
N. Daniel, *Arabs and Medieval Europe*, London 1979
N. Daniel, *Islam and the West*. Oxford 1960
M.W. Davies, *Knowing One Another: Shaping an Islamic Anthropology*, London 1988
H. Djait, *Europe and Islam*, Berkeley 1985

M. Edwards, *Raj*, London 1969

J. Fabian, *Time and the Other: How Anthropology Makes Its Object*, New York 1983

S. Federici (ed.), *Enduring Western Civilization*, Westport, Connecticut 1995

M. Gillespie, *Television, Ethnicity and Cultural Change*, London 1995

S. Goonatilake, *Crippled Minds: An Exploration into Colonial Culture*, Delhi 1982

A. Gunny, *Images of Islam in Eighteenth-century Writings*, London 1996

I. Habib, *Essay in Indian History*, New Delhi 1995

F. Halliday, ›Orientalism and its critics‹, *British Journal of Middle Eastern Studies*, 20(2), 1993

M. Harris, *The Rise of Anthropological Theory*, London 1969

M. Hodgen, *Early Anthropology in the Sixteeth and Seventeenth Centuries*, Philadelphia 1964

M.G. Hodgson, *The Venture of Islam*, Chicago (3 Bd.) 1961–74

A. Hussain/J. Quereshi u.a. (eds), *Orientalism, Islam and Islamists*, Battleboro 1984

S. Ishihara, *The Japan That Can Say No*, New York 1991 (dt. *Wir sind die Weltmacht: warum Japan die Zukunft gehört*, Bergisch Gladbach 1992)

M. Jameelah, *Islam and Orientalism*, Lahore 1971

P. Julian, *Les Orientalistes*, Paris 1977

R. Kabbani, *Europe's Myths of the Orient*, London 1986 (dt. *Mythos Morgenland: wie Vorurteile und Klischees unser Bild des Orient bis heute prägen*, München 1993)

A. Kuper, *The Invention of Primitive Society*, London 1988

V. Lambropoulos, *The Rise of Eurocentrism: Anatomy of Interpretation*, Princeton 1993

A. Laroui, *The Crisis of the Arab Intellectual*, Berkeley 1976

B. Lawrence, *Shattering the Myth: Islam beyond Violence*, Princeton 1998

R. Lewis, *Gendering Orientalism: Race, Femininity and Representation*, London 1996

L. Lowe, *Critical Terrains: French and British Orientalism*, Ithaka 1991

A. Maalouf, *The Crusades Through Arab Eyes*, London 1984 (dt. *Der heilige Krieg der Barbaren: die Kreuzzüge aus Sicht der Araber*, München 2001)

J.M. MacKenzie, *Orientalism: History, Theory and the Arts*, Manchester 1995

G. Makdisi, *The Rise of Colleges: Institutions of Learning in Islam and the West*, Edinburg 1981

G. Makdisi, *The Rise of Humanism in Classical Islam and the Christian West*, Edinburg 1990

L. Mani/R. Frankenberg, ›The Challenge of Orientalism‹, *Economy and Society*, 14(2), 1995: 174–92

G. Marchetti, *Romance and the ›Yellow Peril‹*, Berkeley 1993

P.G. Marshall, *The British Discovery of Hinduism in the Eighteenth Century*, Cambridge 1970

P.G: Marshall/G. Williams, *The Great Map of Mankind*, London 1982

N. Menon, ›Orientalism and After‹, *Public Culture*, 6(1), 1993: 65–76

L. Michalak, *Cruel and Unusual: Negative Images of Arabs in American Popular Culture*, Washington: American Arab Anti-Discrimination Committee (keine Datumsangabe)

T. Mitchell, *Colonizing Egypt*, Cambridge 1988

D. Morley/K. Robins, *Spaces of Identity: Global Media, Electronic Landscapes and Cultural Boundaries*, London 1995

A. Nandy, *The Intimate Enemy*, Delhi 1983

A. Nandy, *Traditions, Tyranny and Utopians*, New Delhi, 1987

J. Nielson/S.A. Khasawnih, *Arabs and the West: Mutual Images*, Amman 1998

L. Nochlin, ›The Imaginary Orient‹, *Art in America*, 71(5), 1983: 118–31, 186–91

K.M. Panikkar, *Asia and Western Dominion*, London 1953

M.L. Pratt, *Imperial Eye: Travel Writing and Transculturation*, London 1992

M. Richardson, ›Enough Said – Reflections of Orientalism‹, *Anthropology Today*, 6(4), 1990: 16–19

E. Said, *Orientalism*, London 1978 (dt. *Orientalismus*, Frankfurt am Main 1994

E. Said, *The World, the Text and the Critic*, Harvard 1983 (dt. *Die Welt, der Text und der Kritiker*, Frankfurt am Main 1997)

E. Said, *Culture and Imperialism*, London 1993 (dt. *Kultur und Imperialismus*, Frankfurt am Main 1994)

E. Said, *Representation of the Intellectual*, London 1994 (dt. *Götter, die keine sind: der Ort des Intellektuellen*, Berlin 1997)

E. Said, *The Politics of Disposession*, New York 1994

Z. Sardar, ›When Dracula Meets the »Other«: Europe, Columbus and the Columbian Legacy‹, *Alternatives*, 17, 1992: 493–517

Z. Sardar, ›Walt Disney and the Double Victimization of Pocahontas‹, *Third Text*, 37, 1996/7: 17–27

Z. Sardar, *Postmodernism and the Other*, London 1998

Z. Sardar, ›Development and the Location of Eurocentrism‹ in R. Munck/D. O'Hearn (eds.), *Critical Development Theory: Contributions to a New Paradigm*, London 1999

Z. Sardar/M.W. Davies, *Distorted Imagination: Lessons from the Rushdie Affair*, London 1990

Z. Sardar/M.W. Davies/A. Nandy, *Barbaric Others: A Manifesto on Western Racism*, London 1993

J. Shaheen, *The TV Arab*. Bowling Green, Ohio 1985

J. Shaheen, ›The Hollywood Arab‹, *Journal of Popular Film and Television*, 14(4), 1987: 148–57

J. Sharpe, *Allegories of Empire: The Figure of Woman in the Colonial Text*, Minneapolis 1993

E. Shohat/R. Stam, *Unthinking Eurocentrism: Multiculturalism and the Media*, London 1994

M.R. Singer, *The Emerging Elite*, Cambridge, Massachusetts 1964

N. Soguk, ›Reflections on the »Orientalized Orientals«‹, *Alternatives*, 18, 1993: 361–280

R.W. Southern, *Western Views of Islam in the Middle Ages*, Cambridge, Massechusetts 1962 (dt. *Das Islambild des Mittelalters*, Stuttgart 1981)

R.W. Southern, *Western Society and the Church in the Middle Ages*, Harmondsworth 1970 (dt. *Kirche und Gesellschaft im Abendland des Mittelalters*, Stuttgart 1980)

J. Spence, *The Great Chan's Great Continent: China in Western Minds*, New York 1998

M. Sprinker, *Edward Said: A Critical Reader*, Oxford 1992

D. Spurr, *The Rhetoric of Empire: Colonial Discourse in Journalism, Travel Writing and Imperial Administration*, Durham 1993

S. Suleri, *The Rhetoric of English India*, Chicago 1992

R. Thapar, *Interpreting Early India*, Delhi 1992

A.L. Tibawi, *English Speaking Orientalists*, London 1964

A.L. Tibawi, *Arabic and Islamic Themes*, London 1976

B. S. Turner, *Orientalism, Postmodernism & Globalism*, London 1994

T. Ueno, ›Japanimation and Techno-Orientalism‹ in M. B. Roetto (ed.), *ISEA 96 Proceedings: Seventh International Symposium on Electronic Art*, Rotterdam 1997

V. T. Vittachi, *The Brown Sahib Revisited*, Delhi 1987

J. Waardenburg, *L'Islam dans le miroir de l'Occident*, The Hague 1963

G. A. Williams, *Excalibur*, London 1996

K. Wittfogel, *Oriental Despotism: A Study in Total Power*, New York 1981 (dt. *Die orientalische Despotie: eine vergleichende Untersuchung totaler Macht*, Frankfurt am Main 1977)

R. Young, *White Mythologies: Writing History and the West*, London 1990

PERSONENREGISTER

A
Abd ar-Rahman III. 38
Abdel-Malek, Anour 91f., 94, 200
Abdul, Tunku Rahman 129
Abelard, Peter 42
Adams, Percy 46
Addison, Joseph 62
Ahmad, Aijaz 100, 110
Alatas, Syed Hussein 94f., 100, 102
Allen, Sir William 77
Alvarus, Paulus 38
Anderson, Norman 120f.
Aquin, Thomas von 42f.
Asad, Talal 100
Augustinus 44
Austin, Jane 102
Averroes (Ibn Rushd) 43
Avicenna (Ibn Sina) 43, 133

B
Badri, Abdul Aziz al- 119
Bacon, Francis 49, 126
Bacon, Roger 42f.
Baines, Sir Thomas 55
Bandaraniake, Soloman 129
Beckford, William 69
Bedwell, William 51f., 172
Bernier, François 54, 132, 172
Bhutto, Zulfiqar Ali 134

Binder, Leonard 124f.
Bon, Gustav le 80
Brecht, Bertold 34
Buck, Pearl S. 147, 164
Burckhardt, Jacob 78
Burke, Edmund 66
Burke, Thomas 146
Burton, Richard 70, 73, 102, 138
Byron, Lord 73f.

C
Cambell, Mary B. 44
Caputo, Phillip 137, 139f.
Carson, Michael 139
Cham 49
Chanka, Dr. 48
Chardin, Sir John 51, 54, 132
Chateaubriand, François-René 71, 73, 100, 102
Chaucer, Geoffrey 133
Chiang Kai-shek 147
Clifford, James 102
Comte, Auguste 77
Conrad, Joseph 102
Cook, Michael 37, 123ff.
Cragg, Kenneth 120ff.
Cromer 102
Crone, Patricia 37, 123
Cronenberg, David 13
Curzon 102

D

Damaskus, Johannes von 47
Dante Allighieri 42
Daniel, Norman 41, 102f., 135f.
Darwin, Charles 77
Defoe, Daniel 61
Delacroix, Eugène 74, 157
Dibdin, Charles 69
Dickens, Charles 102
Djait, Hichem 71, 96, 97ff. 102f., 113
Doughty, Charles 71f., 102, 138
Doyle, Conan 148
Dschingis Khan 62
Dumas, Alexandre 73

E

Effendi, Van 53
Engels, Friedrich 79

F

Ferguson, Adam 64
Flaubert, Gustave 73, 100
Ford, John 141, 148
Forster, E.M. 102
Forsyth, Frederick 137f.
Foucault, Michel 100ff., 109
Fox, Richard 106
Fukayama, Francis 127

G

Gaddafi, Muammar el- 137
Gallard, Antoine 68
Gautier, Théophile 73
Gellner, Ernest 50, 105f.
Gibb, H.A.R. 102, 118
Gibson, William 164
Goldsmith, Oliver 62
Gramsci, Antonio 93, 109
Grant, Charles 68
Griffith, D.W. 146
Guillaume, A. 89

H

Habermas, Jürgen 135
Halhed, Nathaniel Brassey 60
Halde, du 60
Hamilton, Alastair 52
Hardy, Thomas 102
Harryhausen, Ray 151
Harte, Bret 146
Hegel, Georg Wilhelm Friedrich. 53, 77ff., 81
Heiliger Bernhard 44, 132
Herder, Johann Gottfried von 53, 64, 148
Heylyn, Peter 52
Hitti, Philip K. 118, 120
Hobbes, Thomas 129
Hodgson, Marshall 100f., 103
Holwell, J.Z. 65
Hugo, Victor 73
Hume, David 129
Hunter, William 128
Huntingdon, Sir Robert 53
Huntington, Samuel 98, 127
Hussein, Saddam 137f.
Hwang, David Henry 13f., 17ff. 23, 25, 27

I

Ibn Khaldun 81, 90
Ibrahim, Saad Eddin 130
Ingres, Jean Auguste Dominique 74, 157
Iqbal, Mohammed 81

J

Jameelah, Maryam 87
James, Henry 102
Johannes von Damaskus 37, 47
Johannes von Jegovia, 43
Johnson, Samuel 62
Jones, Sir William 61, 66, 69

K

Kaiser Hadrian 81
Kenyatta, Jomo 129
Khomeini, Ayatollah 129, 137
Kindersley, Dorling 159
Kipling, Rudyard 20, 22, 102
Kissinger, Henry 81
Kolumbus, Christopher 23, 48
Konfuzius 57f.
Kublai Khan 32

L

Laffin, John 127
Lane, E.W. 74, 71
Laroui, Abdullah
Laud, Erzbischof William 51
Lawrence, T.E. 72, 92, 139
Lee Kuan Yew 129
Lewis, Bernard 105f.
Leibniz, Gottfried Wilhelm 58, 62, 146
Locke, John 53, 129
Lotti, Pierre 154

M

Macaulay, Thomas Babington 128
MacKenzie, John 107f.
Mao tse Tung 14, 34f., 160
Makdisi, George 113
Mandeville, Sir John 45ff., 67, 140
Marco Polo 32f., 35, 49, 56f., 148, 165
Marshall, P.G. 65, 118
Martell, Karl 85
Marx, Karl 34, 79f.
Mata Hari 19
Maundrell, Henry 53
Mill, John Stuart 79
Mohammed (der Prophet) 36ff., 40f., 44f., 48, 52, 70, 72, 88ff., 120, 124, 126f., 133, 135, 138, 142, 159

Molière 17
Montecroce, Ricoldo da 45, 132
Montesquieu, Baron von 62f.
Moore, Thomas 69, 70, 73
Morley, David 162, 164
Muir, Sir William 102
Mumford, Lewis 81

N

Nadel, Alan 141
Naipaul, V.S. 131ff., 136f.
Nandy, Ashis 137
Nasser, Gamal Abd-al 119
Navarette, Domingo 58
Nehru, Jawaharlal 129
Nerval, Gèrard de 100
Newton, Isaac 54, 60
Nixon, Richard 81
Nkrumah, Kwame 129
Nogens, Guibert von 44, 132

O

Ockley, Simon 102
Oudah, Abdul Qadir 119

P

Panikkar, K.M. 100
Pennant, Thomas 46
Pereira, Galeote 56f., 148
Perry, Matthew C. 159
Pipes, Daniel 123, 126
Pires, Tomas 50
Pococke, Edward 51
Porter, Dennis 109
Prester John 49
Prideaux, Humphrey 52, 71, 126
Prutz, Hans 80

Q

Qutb, Syed 119

R

Randall, John 137

Ranke, Leopold von 78
Regnault, Henri 76
Renan, Ernest 78f.
Reynal (Abbé) 65
Ricci, Matteo 57f.
Richardson, Michael 111
Robbins, Bruce 114
Robins, Kevin 162, 164
Rohmer, Sax 148
Rushdie, Salman 112, 131, 135ff.
Rycaut, Sir Paul 53

S

Sabai, Mustafa al- 119
Said, Edward 100, 102ff.
Sang, Aung 129
Segovia, Johannes von 43
Semeonis, Simon 45, 129
Shakespeare, William 17
Singer, M.R. 129
Smith, Adam 79
Smith, Cantwell M. 118ff., 122, 130
Soguk, Nevzat 128
Sorokin, Pitirim 81
Southern, R.W. 37f., 102f.
Southey, Robert 69
Spence, Jonathan 146, 148
Spencer, Herbert 77
Spengler, Oswald 80f.
Steele, Sir Richard 62
Suzuki, D.T. 81
Swettenham, Frank 94

T

Temple, Sir William 53
Thapar, Ramila 100
Thevenot, André de 53, 55
Tibawi, A.L. 87ff., 100, 102f., 105
Toynbee, Arnold 81
Troyes, Chrétien de 41
Twain, Mark 146

U

Ueno, Toshiya 164
Updike, John 137
Urban (Papst) 39, 52

V

Valentino, Rudolph 152
Vasco da Gama 49, 85
Vico, Giambattista 53
Vittachi, V.T. 129
Volney, Compte de 102
Voltaire 60, 62, 64

W

Walpole Horace 62
Walsh, Raul 151
Watt, Montgomery 89
Wilkins, Charles 66
Williams, Gwyn A. 39, 41, 65, 67, 118
Wittfogel, Karl August 32ff., 147
Wycliffe, John 43

Y

Yazid, Caliph Ummayad 37
Young, R. 108, 110

Z

Zia ul-Haq 134

LESEN SIE WEITER!
Geschichte und Kulturgeschichte bei Wagenbach

WILLIAM MONTGOMERY WATT   DER EINFLUSS DES ISLAM AUF DAS EUROPÄISCHE MITTELALTER

Eine kurze und allgemeinverständliche Einführung in die islamische Kultur und ihre prägende Rolle für die Geburt der Wissenschaften in Europa. »Eine wirksame Therapie gegen europäischen Überlegenheitsschwindel«   taz
  Mit einem Vorwort von Ulrich Haarmann
  Aus dem Englischen von Holger Fließbach
  WAT 420. 128 Seiten

**WILLIAM MONTGOMERY WATT
KLEINE GESCHICHTE DES ISLAM**

Der profunde Islamkenner Montgomery Watt erklärt Ursprünge und Entwicklungen des Islam. Er sorgt damit für ein tieferes Verständnis dieser Religion, ohne dabei die problematischen Momente in der Geschichte des Islam außer acht zu lassen.
»Ein zuverlässiges und scharfsinniges Handbuch von einem der großen Kenner der Materie.«   Martin Forward, Epworth Review
  Aus dem Englischen von Gennaro Ghirardelli
  WAT 454. 144 Seiten

**YOSEF HAYIM YERUSHALMI   EIN FELD IN ANATOT
VERSUCHE ÜBER JÜDISCHE GESCHICHTE**

Fünf Essays über jüdische Geschichte, über Exil und Vertreibung, über Erinnern, Hoffen und Vergessen. »Die Geschichtsschreibung kann kein Ersatz für das kollektive Gedächtnis sein, und es gibt auch keine Indizien dafür, daß sie eine alternative Tradition schafft, die zum Gemeingut werden könnte. Dies tut der Würde des Berufs keinen Abbruch – die Besinnung auf den moralischen Imperativ des Standes ist heute dringlicher denn je.«   Yosef Hayim Yerushalmi
  Aus dem Amerikanischen von Wolfgang Heuss und Bruni Röhm
  KKB 44. Englische Broschur. 96 Seiten

MIREILLE HADAS-LEBEL MASSADA
DER UNTERGANG DES JÜDISCHEN KÖNIGREICHS ODER DIE ANDERE GESCHICHTE VON HERODES

»Ein wundervolles Buch. Die Autorin macht den letzten Widerstand der Juden gegen Roms Legionen auf der Bergfestung Massada zum Knotenpunkt eines Panoramas, in dem der Ablauf von Jahrtausenden im Wechselspiel von Mythos und Historie transparent wird.«
Jakob Hessing, Frankfurter Allgemeine Zeitung
WAT 294. 144 Seiten mit Abbildungen

NATALIE ZEMON DAVIS DREI FRAUENLEBEN
GLIKL MARIE DE L'INCARNATION MARIA SIBYLLA MERIAN

Weibliche Selbstverwirklichung in der frühen Neuzeit: Das Leben dreier ungewöhnlich selbständiger und erfolgreicher Frauen.
»Diese Lektüre offenbart weit mehr über weibliche Lebensformen im siebzehnten Jahrhundert, als es den Damen lieb und der Forschung bis dato gelungen ist.« Rebekka Habermas, Süddeutsche Zeitung
Aus dem Amerikanischen von Wolfgang Kaiser.
Gebunden. 396 Seiten mit vielen Bildern

MONA OZOUF DAS PANTHEON
FREIHEIT, GLEICHHEIT, BRÜDERLICHKEIT
ZWEI FRANZÖSISCHE GEDÄCHTNISORTE

Das Pantheon der großen Männer in Paris ist ein Ort, der nicht Göttern oder Königen offensteht, sondern Menschen, die sich durch ihre Tugenden ausgezeichnet haben – Tugenden, die auch an der Verwirklichung von Freiheit, Gleichheit und Brüderlichkeit gemessen wurden.
Aus dem Französischen von Hans Thill
KKB 56. Englische Broschur. 96 Seiten mit vielen Abbildungen

PETER BURKE PAPIER UND MARKTGESCHREI
DIE GEBURT DER WISSENSGESELLSCHAFT

Wann, warum und wie das Neue seinen Weg in die Köpfe der Menschen gefunden hat, wird hier auf ebenso unterhaltsame wie gelehrte Weise mitgeteilt: die Informationsexplosion in den Jahrhunderten nach Erfindung des Buchdrucks. »Peter Burke ist ein Meister in der Analyse von Mikrozusammenhängen. Selbst wenn er auf kleine, scheinbar banale Dinge schaut, gelingt es ihm, diese in größere Zusammenhänge zustellen.« Thomas Kleinspehn, DeutschlandRadio
Aus dem Englischen von Matthias Wolf
Allgemeines Programm. Gebunden. 320 Seiten

ROBERT DANTON GLÄNZENDE GESCHÄFTE
DIE VERBREITUNG VON DIDEROTS ENCYCLOPÉDIE ODER: WIE VERKAUFT MAN WISSEN MIT GEWINN?

Die Geschichte eines der umfangreichsten und spektakulärsten Geschäfte, das je mit einem Buchprojekt verbunden war. »Darnton liest sich wie ein suspensreicher Wirtschafts- und Spekulantenkrimi.«
Süddeutsche Zeitung
  Aus dem Englischen und Französischen von Horst Günther
  Gebunden. 368 Seiten mit zahlreichen Abbildungen

DAVID HERLIHY DER SCHWARZE TOD
UND DIE VERWANDLUNG EUROPAS

Eine plausible und weitreichende Sicht auf die verheerende Pest von 1348 und ihre Folgen, die als grundlegender Angelpunkt des mittelalterlichen Europa gezeigt werden.
»Herlihys Fragestellungen und die Vielfalt der Methoden, die er benutzt, sind ungemein eindrucksvoll. Sie stiften zum Nachdenken darüber an, wie die moderne Gesellschaft mit Epidemien fertig wird.«
Vivian Nutton, Frankfurter Allgemeine Zeitung
Aus dem Amerikanischen von Holger Fliessbach
WAT 391. 144 Seiten

GEORGES DUBY   DIE FRAU OHNE STIMME
LIEBE UND EHE IM MITTELALTER

Auf den Spuren von Lust und Liebe im Mittelalter blickt Duby hinter die ideologischen Schleier, die die Wirklichkeit des Ehelebens verhüllten, und entdeckt das Dasein der Ehefrau.
»Äußerst anregende Perspektiven des französischen Mediävisten.«
W. Blöcker, Neue Zürcher Zeitung
Aus dem Französischen von Gabriele Ricke und Ronald Voullié
WAT 393. 96 Seiten

GEORGES DUBY   SONNTAG IN BOUVINES
DER TAG, AN DEM FRANKREICH ENTSTAND

Die exemplarische Untersuchung einer historischen Schlacht, die zum französischen Mythos wurde: von der Wahrnehmung der Zeitgenossen bis zum heutigen deutsch-französischen Verhältnis.
  Aus dem Französischen von Grete Osterwald
  Gebunden. 208 Seiten mit Abbildungen

CARLO GINZBURG   DER KÄSE UND DIE WÜRMER
DIE WELT EINES MÜLLERS UM 1600

Carlo Ginzburg hat hier erstmals die Mentalität und das Weltbild eines Individuums, des Müllers Menocchio, ins Zentrum gerückt. Peter Burke und Natalie Zemon Davis, Roger Chartier und Robert Darnton – sie alle haben diesem Menocchio zugehört.
»Die Faszination von Ginzburgs Studie entsteht dadurch, daß er dem Müller zur Sprache, zu seiner Sprache verhilft.«   Klaus Binder, FAZ
   Aus dem Italienischen von Karl F. Hauber
   WAT 444. 208 Seiten

CARLO GINZBURG SPURENSICHERUNG
DIE WISSENSCHAFT AUF DER SUCHE NACH SICH SELBST

Die drei wichtigsten Aufsätze des »Querdenkers« unter den Historikern: Indizien als historische Methode. Mentalität und Ereignis. Kunst und soziales Gedächtnis.
»Verfolgt man die Spur, die Ginzburg gezogen hat bis hin zur Spurensicherungen, so durchquert man mit dem Autor das geistige Zentralplateau des 20. Jahrhunderts.«
                          Hannelore Schlaffer, Stuttgarter Zeitung
   Aus dem Italienischen von Gisela Bonz und Karl F. Hauber
   WAT 430. 160 Seiten mit Abbildungen

WIE GESCHICHTE GESCHRIEBEN WIRD
MIT BEITRÄGEN VON FERNAND BRAUDEL, NATALIE ZEMON
DAVIS, LUCIEN FEBVRE, CARLO GINZBURG, JACQUES
LE GOFF, REINHART KOSELLECK, ARNALDO MOMIGLIANO

Internationale Historiker schildern ihren Beruf und ihre Berufung. Ein Band für jeden, der historische Wissenschaft studieren oder verstehen will.
»Sehr lesenswert: hier werden die Grundprobleme der Geschichtsschreibung behandelt.«   Ines Stahlmann, Der Tagesspiegel
WAT 326. 128 Seiten mit Abbildungen

Wenn Sie mehr über den Verlag und seine Bücher wissen wollen, schreiben Sie uns eine Postkarte (mit Anschrift und ggf. e-mail). Wir schicken Ihnen gern die *Zwiebel*, unseren Westentaschenalmanach mit Lesetexten aus unseren Büchern, Photos und Nachrichten aus dem Verlagskontor.
Kostenlos, auf Lebenszeit!

Verlag Klaus Wagenbach   Emser Straße 40/41   10719 Berlin